# 服务乡村振兴战略高职院校创新创业人才培养模式研究

谭卓婧 著

中国纺织出版社有限公司

## 内 容 提 要

服务乡村振兴战略是时代赋予高职教育的使命，也为高职教育自身发展提供了机遇。为了发挥高职教育在乡村振兴战略中的作用，本书从乡村振兴战略的基本概念着手，在分析乡村振兴战略与高职教育融合的必要性和可行性基础上，对当前乡村振兴人才供需矛盾尖锐、人才质量要求和高校培养方向不匹配等方面的现实问题进行了审视，分别探讨了服务乡村振兴战略高职院校创新人才培养模式和路径，以期为乡村振兴战略的深入推进提供坚实的人才支撑。

**图书在版编目（CIP）数据**

服务乡村振兴战略高职院校创新创业人才培养模式研究 / 谭卓婧著. -- 北京：中国纺织出版社有限公司，2022.6

ISBN 978-7-5180-9631-2

Ⅰ. ①服… Ⅱ. ①谭… Ⅲ. ①高等职业教育—人才培养—培养模式—研究—中国 Ⅳ. ①G718.5

中国版本图书馆 CIP 数据核字（2022）第 103323 号

责任编辑：张　宏　　责任校对：高　涵　　责任印制：储志伟

中国纺织出版社有限公司出版发行
地址：北京市朝阳区百子湾东里 A407 号楼　邮政编码：100124
销售电话：010—67004322　传真：010—87155801
http://www.c-textilep.com
中国纺织出版社天猫旗舰店
官方微博 http://weibo.com/2119887771
三河市延风印装有限公司印刷　各地新华书店经销
2022 年 6 月第 1 版第 1 次印刷
开本：787×1092　1/16　印张：9.75
字数：202 千字　定价：88.00 元

凡购本书，如有缺页、倒页、脱页，由本社图书营销中心调换

# 前言

乡村振兴战略一经提出，就广受农村干部、群众的衷心拥护，"三农"工作者们也备受鼓舞。随着就业趋势的不断从紧，加上2020年春，受制于"新冠"疫情的不利影响，高校毕业生的就业渠道进一步受阻，尤其是湖北高校毕业生的就业前景较为堪忧，就业问题上升为一定的社会问题，阻碍了高校毕业生求职创业的发展步伐。农村地区的发展盼望有高校毕业生的参与，乡村社会的振兴亟待大学生的智慧和力量，在一定程度上，农村地区也是高校毕业生就业创业的有效途径，部分高校毕业生也热切期待在农村地区干事创业，实现自身抱负的同时也为国家的发展、社会的进步、乡村的振兴贡献自己的砖瓦力量。

然而，广大的高校毕业创业者在面临就业和创业的选择上，都不愿意把农村地区作为投资兴业的首选，一定程度上缺乏对我国农业农村的深刻认识，另外，也是农村地区高校毕业生创业的土壤还不够丰厚、时机还不够成熟。人才振兴是乡村振兴的重要内容，只有高校在学生的就业教育培训引导上采取科学的课程设置，全方位地宣传和介绍新时期农业农村取得的发展成绩，政府切合实际地出台吸引高校毕业生返乡创业的优惠政策，高校毕业生全面地认识自己、审慎创业，在创业之前做好充分的市场调研和创业前的相关准备，在家人和社会的支持下，在自身的努力下，广大的农业农村地区也能成为创业者们创业奋斗的沃土。高校返乡人才的加入，为农村地区带去新的理念和活力，也必将推进农业农村的发展步伐，在打赢脱贫攻坚战的新时代，在乡村振兴的奋斗新征程，广大的毕业生在农业农村领域定能开辟出新的天地，在实现自身人生价值的同时，把个人的理想抱负融合到农业农村地区波澜壮阔的发展浪潮之中，共同助力于中国农业农村的现代化和中华民族的伟大复兴。

《服务乡村振兴战略高职院校创新创业人才培养模式研究》阐明了研究的背景、目的和意义，综述了国内外的研究情况，从乡村振兴战略的基本概念着手，在分析乡村振兴战略与高职教育融合的必要性和可行性基础上，对当前乡村振兴人才供需矛盾尖锐、人才质量要求和高校培养方向不匹配等方面的现实问题进行了审视，分别探讨了服务乡村振兴战略高职院校创新人才培养模式和路径，以期为乡村振兴战略的深入推进提供坚实的人才支撑。

谭卓婧

2022年5月

# 目 录

## 第一章 导论 ··············································································· 1
### 第一节 研究背景 ······································································ 1
### 第二节 研究综述 ······································································ 2

## 第二章 乡村振兴战略目标对高职教育的要求 ················· 13
### 第一节 以农村产业的发展带动农村经济的发展 ···················· 13
### 第二节 整体提高农村的村容村貌，满足生态宜居的要求 ········ 21
### 第三节 满足农民精神生活的需求 ············································ 30
### 第四节 以治理有效来促进农村管理民主 ································ 41

## 第三章 服务乡村振兴战略高职院校创新创业人才培养的现状 ······ 49
### 第一节 人才需求量和供应链矛盾尖锐 ···································· 49
### 第二节 人才质量要求和高职培养方向不匹配 ························ 63

## 第四章 服务乡村振兴战略高职院校创新创业人才培养新模式 ······ 79
### 第一节 创新综合性实践应用 ···················································· 79
### 第二节 加强区域性校地协同 ···················································· 89
### 第三节 深化行业性产教结合 ···················································· 98

## 第五章　服务乡村振兴战略高职院校创新创业人才培养的途径……111

### 第一节　加强顶层设计与整体规划……111
### 第二节　实行统筹推进与分类施策……116
### 第三节　创新工作机制与管理体制……137

## 参考文献……147

# 第一章　导论

## 第一节　研究背景

### 一、政策背景

当前，国际社会正处于快速变革之中，农业社会和农业经济与现代社会之间的差距正在逐步缩小，中国的农业农村较之过去的改革开放之前也发生了翻天覆地的变化。在即将实现全面打赢脱贫攻坚战，全面建成小康社会，迎来建党100周年之际，2020年中国向全世界庄严宣告全国告别绝对贫困时代。2020年以后，中国的农村将走向何方，农业将如何发展，农民将如何从小康走向更高水平的小康，乡村振兴作为当前和今后一个时期统领中国农业农村经济社会发展的国家战略，已经被写入中国共产党的章程，成为党的纲领、国家的意志、人民的期盼，一经提出就受到亿万农民的欢迎，得到社会各界热烈拥护。

乡村振兴不是一地一点、一处一隅的振兴，而是全面的、全方位的、全系统的，涵盖了农业农村的经济、政治、社会、文化、生态和党的建设等方方面面，内涵十分广阔，影响十分巨大，战略的实施直接关系到未来30~50年中国农村社会的走向。乡村振兴不是孤立存在的，是和当前农村社会正在开展的精准脱贫一脉相承的，在实现全面脱贫后，党在农村社会建设的重点布局，在政治、经济、文化、社会、生态等农业农村"五位一体"的方方面面，关键是要突出产业建设、乡土人才、文化振兴、生态文明和党的基层党组织堡垒夯实，擘画了新时代未来一段时期农业农村美好的发展蓝图。

新时代的高校毕业生勇担历史使命、肩负国家振兴，作为时代的宠儿和弄潮儿的他们，拥有较为完整的知识体系、开阔视野和创业知识，在乡村振兴的时代大背景下，大学生返乡创业发展，在农村地区谋求发展，既是响应国家和时代的召唤、顺应时代发展要求，符合国家人才流动的需求和方向，也是大学生在创业置业的实践中实现人生的价值，在农业农村的沃土上耕耘人生、建功立业、实现抱负、回馈家乡、创造财富，中国的农业农村拥有广阔和无限的发展平台。

### 二、农村现代化人才短缺

农业农村现代化是实施乡村振兴战略的总目标。人才振兴是乡村振兴的重要组成部分，但目前农村基层十分缺乏现代化人才。主要原因有三：

## （一）"农村人"不愿意留守农村

目前，我国的农业生产方式大多为粗放型，效益低、收入低。相较于城镇，农村的基础设施建设、配套的文化教育水平也不尽如人意。越来越多的农村人，尤其是壮劳力、青年人，不愿意继续留在农村，守土度日。随着城镇化的程度不断加深，大部分农村人都选择了进城务工，为自己寻找一条看起来更好的出路，也为孩子的未来寻找更好的教育。

## （二）"城里人"不愿意走向农村

在很多人的观念里，都认为农村、农业、农民是"低端""落后"的代表，不如城里的白领"洋气""有出息"。由于这样的社会偏见，也因为农村的真实风貌、引人入胜之处很少被完整地呈现在人们面前，大部分城镇学生也难有机会真正深入农村，体验农村生活、发掘农村发展的机会，所以城镇居民大多都不敢轻易决定走向农村谋发展。而从农村走出来的人，在经历了对比之后，仅有部分人群因城市立足太难或家中有亲友需要照顾等不得已原因而选择返乡。此外，大多也都宁愿选择城漂。

## （三）人才引导政策能达到预期的效果

政府出台了如大学生村官计划、大学生志愿服务西部计划、鼓励引导人才向艰苦边远地区和基层一线流动等的相关政策文件。通过政策引导，愿意去农村、去偏远落后地区服务的青年才干人数不少，但是真正能够留在农村、扎根农村，并且为农村发展创造价值的人才较少。即便能够留在农村，也会因为语言不通、风俗习惯不同、价值观念有差异等而产生一些隔阂，出现难以真正融入当地、当地群众接纳慢等问题。

# 第二节 研究综述

## 一、国内研究综述

农村发展问题一直是我国建设过程中的重点内容，党的十九大报告提出"乡村振兴"战略，并把"乡村振兴"列为决胜全面建成小康社会需要坚定实施的"七大国家战略"之一。2018年"中央一号文件"再次聚焦"乡村振兴"，这充分说明了在城镇化过程中对乡村发展的高度重视。同时，就业问题也几乎是年年毕业季的热词，大学毕业生就业压力不断增大，就业问题成为大学生本身、家庭、高校以及政府集中关注的热点问题。其中，我国学者对大学生农村就业问题进行研究的不在少数。

国内学者对该领域的研究主要集中在如下几个方面。

### （一）乡村振兴中人才问题及人才类型需求的研究

在这个问题上，关振国（2019）认为存在的不足主要包括：例如，引才机制主动性积极性欠缺、针对性不强；激励机制缺少公正性、公平性和公开性；人才发展空间问题上，缺乏对人才的培训以及远景规划，人才发展的"手脚"被现有体制束缚；政府政策保障、财政支持有待提升，乡村文化有效改善。

任远（2018）提出，"乡村空心化"是乡村在城镇化和城乡发展过程中存在的最直观的问题。乡村人口减少、农业劳动力投入减少，是城镇化过程中的正常现象、必然现象。乡村部门发展能力不足、生产力水平低下、资源和生态环境恶劣，不能维持和支持人口的生活，从而推动了乡村人口的输出，使得乡村中具有生产能力的人口减少，恶化乡村的人口结构，导致乡村部门的发展能力进一步减弱，这才是真正的问题。

严鸿雁（2017）认为，在传统农业向现代农业的过渡阶段，亟须解决的关键问题是人才。从人才素质角度考虑，我国从事农业劳动的劳动者，在短时间内还无法适应现代农业的需要，也不适应农村经济市场化要求，他们当中只有10%的人学历高中以上，不到5%的人系统接受过农业专业技术教育培训。建设现代化经济体系要实施乡村振兴战略，为此，必须培养造就一支懂农业、爱农村、爱农民的"三农"工作队伍。

对此，龚毓烨（2019）表示，推动乡村建设提质增效的重点在于将人力资源转换为促进经济发展的第一资源。那么这就需要有效地发挥各类人才在乡村振兴中的引领、示范和带动作用。这支"三农"工作队伍，具体应由以下几种人才构成：

1. 创新型人才

他们是保障我国"三农"工作取得良好实效的要点之一，能够瞄准世界农业工作相关理论前沿及经验，通过他们可以实现前瞻性基础研究，并且引领农业技术实现突破。

2. 技能型人才

他们将有助于乡村产业的发展、农村基础教育的提升，推进做好农村公共卫生和基本医疗服务，为乡村企业发展、人才供给、制度完善与法治建设提供有力的支撑，弥补由于政府缺位、失衡或按正常制度程序无法解决问题的短板等。

3. 新型职业农民

作为农村市场经济中最活跃的市场力量，他们应当有文化、懂技术、会经营、能创业。

### （二）乡村振兴背景下高职毕业生就业创业选择的研究

赵君（2019）认为开发乡村资源是乡村发展的强心剂。农产品、旅游、民宿投资、网络经济等不同形式的经济在乡村发挥作用，并从中体现了国家乡村振兴战略中关于"绿色""环保""品牌"等的要求。高职毕业生在这样的大背景下，选择投身到乡村振兴的大战略中去，可能比在竞争激烈的城市里做基础工作更能体现自身的价值。

马丹（2019）指出，在新形势下，返乡创业是大势所趋。各地农村争相开辟自己独特的农村道路，打造"一村一品"。各地农村普遍欢迎新生代农民工返乡创业，因为他们在城市学到了知识和技术，又对市场有直观的了解。

迟俊、刘晓倩（2019）研究发现，越来越多的"城归"人员活跃于农村经济、促进乡村治理，对农业供给侧结构性改革起到了积极作用。五成以上的高效农业开发项目，都是由城归人员建设发展起来的。与此同时，高职院校加大了对应届毕业生进行有针对性的创新创业教育力度，进行职业规划教育，并引导他们到农村结合自己的专业特长进行创业，从根本上解决广大农村地区经济、文化的落后面貌，实现真正意义上的实质就业。

蕊红（2019）在研究时发现，与传统农民相比，有实践经验的大学生具备更强的沟通协调能力、组织指挥能力、创新创造能力，以及品牌意识、市场洞察力。这群新农人逐渐成为规范化农民专业合作社和农业企业的领头人。

### （三）高职毕业生在乡村就业创业现状的研究

孙诚（2018）指出，八成的农村劳动力没有特别的技术技能，文化程度及素养不高，职业技能和科学文化水平偏低。房石（2018）则指出，一方面，农村资源少，发展缓慢，就业岗位的需求相应较少；另一方面，很多大学生难以适应农村生活，更难以融入其中，他们大多把农村的工作作为一个跳板。

林锦涛、王伟江（2017）在研究大学生农村电子商务领域创业就业时指出几点问题，一是政策支持宣传力度不够；二是学生意愿虽高，但缺乏深度了解；三是社会保障程度不够；四是资金支持少，渠道缺乏。

高国云，刘琳，陈冉，马静（2017）认为目前高职毕业生在基层就业的现状存在许多问题，例如对口的岗位数量少；薪酬福利、社会保险等与期望存在差距；思想观念尚未转变，对农村就业认识不正确，受家长的传统思想阻碍；学校的专业设置、教育模式与实际需求不匹配，教育与实践之间缺乏有效联结。

吴子国，赵娟，路宝利（2010）提出，研究和解决大学生新农村就业的"适应性"问题具有重要的现实意义。

### （四）引导人才流入乡村路径的研究

丁希，张劲松（2019）认为，乡村振兴工作的当务之急，应该是建设一支实用型、高素质领导型人才队伍。这支队伍具有领导潜质，理论和执行政策能力强，懂科技、懂市场、爱乡村、爱农民。具体应从人才吸引、培养、激励与保障等方面进行建设，促进乡村振兴中的领导型人才队伍形成。

薛江谋（2018）认为，时代的多元化发展使大学生就业空间更广、机遇更多，大学生农业就业也随之呈现出多元矛盾的价值取向，存在农业职业岗位设置欠妥、传统观念影响深、真实需求激发不足、学校教育引导缺失等路径障碍。

和丽玲（2018）提出，要依靠政府，发挥社会力量，优化创业条件，做好政策宣传、开发孵化平台资源，才能够更好地引导高职毕业生到农村创业。高职院校应主动与企业合作，设立农村创业基金，并争取银行的信贷支持。同时，通过制度保障鼓励教师参与农村创业实践，增加教学实践经验，真正实现创业教育的意义。

叶颖俊，刘建明，徐子金（2017）认为就业过程不是仅仅依靠学生个人的，需要不同主体共同参与、协同支持，才有利于顺利就业。

肖璐，范明（2015）指出，"受过良好教育的人才紧缺"是新农村建设的一大障碍，就好像人才互动关系在高校、社会与农村之间形成了单向阀。科学引导、合理分流，才能减小城市人才闲置与农村人才紧缺的反差,有效平衡农村和城市高素质人才供给关系。

### (五)在高等教育过程中培养乡村振兴人才的研究

《2018中国高等职业教育质量年度报告》显示,2017年高职教育服务脱贫攻坚呈现新态势,形成"专业支撑+产业扶贫""组团式扶贫"等特色模式。校村合作、校镇合作成为乡村振兴人才培养的新特点。

赵君(2019)认为乡村振兴这个大平台为大学生实现自己的梦想提供一个很好的帮助。高等学校就是向这个平台输送合格人才的重要来源之一,"乡村振兴""高等学校""大学生"三者之间形成相互作用、相互促进的良好关系。

基于此,赵君同时提出,乡村振兴背景下高职院校毕业生就业创业路径实现策略包括以下几点:一是对教学体系进行相应的改革,成立乡村振兴相关专业院系;二是对职业有一个明确的定位;三是结合实际需求进行实践教学,以此增加专业的实用性;四是建立起专业的就业创业指导队伍。

何杨勇(2019)提出,高职教育应当找到主要矛盾,以需求为导向,例如政策对涉农院校、专业倾斜;精确调研实际需求,根据需求进行科学规划;给予学生充分的选择权。

迟俊,刘晓倩(2019)提出,应鼓励院校通过搭建再教育平台,为"城归"的大学生提供技术保障。

林夕宝,余景波,周鹏(2019)指出,高职院校可以配备一些涉农专业教师,为有意到农村就业创业的学生提供农业技术知识辅导,为专业建设增加动能。

刘效园(2019)认为市场营销课程应适当增加农产品营销内容。

涂雯雯(2018)认为,高校应基于"乡村振兴"战略的具体需求,提高学生学习农村相关知识的意识和社会责任感,提高学生实践能力。

姜健伟(2018)指出,应鼓励院校组建农技推广队伍,设立与农村经济紧密结合的科研项目,对学生辅以技术培训,提高学生的农业知识和技术水平。

谭金芳,张朝阳,孙育峰,李书民(2018)表示,我国应进一步完善订单式的培养体系,增加乡村干部、农技人员培训机会,提高培训的效能。

朱伟芳(2017)认为,在城乡一体化的进程中,乡村发展需求的变化导致其对高等教育的需求也发生变化,高职院校应当抓住乡村漂移的机遇,加强专业与传统特色产业的结合,提高农村发展需求适用性。

贺桂欣,宋绍富,赵娟(2011)指出,高校培养的人才不符合农村发展需求,会导致严重的人才浪费,要改变这一问题,就要进一步匹配专业,优化知识的结构性,增加学生实践经验。

### (六)高职大学生培养特点的研究

姚霞(2017)对高职毕业生的就业、创业能力进行了SWOT分析。她认为,在Strengths(优势)方面,高职院校的教学更加注重实用性与服务性,专业设置从实际出发,贴近生产需要,具有强大的优势。高职毕业生选择就业岗位更加实际,这些都是由于他们就业心理期望值不高造成的。

在 Weakness（劣势）方面，高职学生基础文化课水平较低及其理论知识不足，容易成为就业的短板。学习习惯、自控能力较差，知识结构和实际操作技能水平将受到一定的影响，成为就业的"瓶颈"。同时，在用人单位盲目追求高学历的背景下，高职毕业生也就处于一定程度上缺失公平的就业环境中。

在 Opportunity（机会）方面，中小企业、民营、私企及第三产业的发展，提升了对技术型人才的需求，提供了大量的就业岗位，为高职毕业生提供了对应的就业机会。

在 Threats（威胁）方面，一是城镇化过程中，农村剩余劳动力向城镇转移，由此加剧城镇就业压力；二是大量富余职工因企业改制、兼并、重组，需重新上岗再就业；三是高校扩招导致毕业生人数激增。

龙伟，王艳（2015）指出，培养面向生产、服务、建设、管理一线的技能型人才是高等职业院校的主要宗旨。这样培养出来的人才，动手能力强、岗位适应快。他们的不足则是自学能力、管理能力、知识更新和提升能力相对较弱。

桑雷，马蕾（2012）认为，面向经济生产和社会服务第一线是高职教育的重点，为经济社会发展培养具有较强的专业能力的高素质技能型专门人才，把所学知识转化为现实生产力。

## 二、国外研究综述

从现有国外的研究文献来看，国外的研究主要集中于对创业者人格特质、行为模式和创业环境三个方面。在创业者人格特质方面，围绕创业动机和创业意愿这一重要影响因子，最著名的是博德的创业意愿维度分析，但该论文针对大学生这一创业主体分析不够，建立的大学生创业模型有一定的参考价值。

在大学生创业人格特质上，Hornadya 和 Bunker（2014）在《人事心理学》一书中深入分析了创业成功者的心理特质和性格因素。Murry&MacMillan（2018）研究归纳出了影响创业意愿的主要心理特征有对于成功渴望程度、自我控制管理能力、风险承担能力、把握重大机会的能力、处理矛盾的方法以及创业者个人的价值观念等，主要采取了大量的实证研究。

W.Stewart&Roth（2014）通过对各项案例展开分析和讨论，研究结果显示，创业者具有高度的冒险精神，远高于非创业者，敢于冒险、敢于打破常规也是创业者的重要素质之一。

Brockhaus（2015）研究认为，自我管理能力强和拥有自律精神的人更有可能成为优秀的创业者和成功的实践者，内控型的人更能自主地掌控自己的生活和目标任务，按照自己的意愿规划自己的生活。国外许多学者想要探讨大学生创业是否比一般经理人更为偏好风险，其中以 Brockhaus 在 2010 年进行的研究最具代表性。Brockhaus 将大学生创业家与经理人分为两组，透过许多与实际商务行为相同的情景模拟，观察发现：二者之间并没有明显的风险偏好差异。在行为模型方面，国外学者认为，人们在采取具体行动之前总是存在一定的倾向，这种倾向和动机在一定程度上也直接关系到具体行为的成败。

Bird（2017）指出，新创业成立的企业需要投入一定的时间和精力，制订较为详细的工作计划，通过计划明确创业的路线图，能够更加精准、清晰地明确不同创业阶段的创业重点。

Ajzen（2011）提出的计划行为模型（TPB）指出创业的意愿受制于创业者的态度、主观规范和感知行为控制等方面的影响，而Ajzen（2015）研究却表明主观规范对创业意愿的影响效果并不大。

Norris&Krueger（2000）指出，研究中应选择对个体最有影响力的群体，如父母、好朋友、特殊案例、师长等以提高其解释程度。

Kolvereid（2016）在创业研究中认为创业者的个人主观意愿和能力水平直接影响创业成果，其中外部的创业环境也是一个重要的影响因素。

Shero（2014）认为，环境对于创业而言，是一把"双刃剑"，能够产生积极的影响，同时也会产生不利影响和阻碍。

Pnenings and Kimberly（2017）认为，经济、社会、法律、政策等外部因素也是影响创业的重要外部因素，相关变量直接影响创业风险和挑战。创业者的动机、主观意愿、启动资金和新创企业孵化器的存在等都是直接影响因子。

Dubini（2018）从具体创业者面临的外部环境展开研究，研究认为创业意愿同创业者性格特点和面临的环境交互作用相互产生影响，二者之间存在着重要的交互作用。

Smiley（2017）的研究表明，随着经济增长速度的下降和失业率的升高，有助于创业者的诞生，助推创业企业的增长，同时越是落后的地区，这种情况越明显，因为在那里企业家更易于效法和模仿。

Timohty（2019）认为影响移民创办企业的最重要因素是市场需求的规模和工业供给方面的特点。马克斯·韦伯是第一个重视社会文化条件对创业影响的学者，在西方文明当中，他认为新教的出现极大地激发了创业精神和创业阶层的涌现。而在东方文明之中，尊崇儒家教育和孔教精神的家庭、家族更容易激发出企业家的精神。

Wu（2013）指出了华人企业家的孔教根源深深地影响了他们在实业经营中的行为，也决定了企业家的成长模式。

Brun&Tyebjee（2012）研究了在一个国家或地区中，环境条件在创业中起的作用，Goodman，Meany&Pate（2016）研究了政府在大学生创业发展中能做什么和已经做了什么。

## 三、"双创"型农业人才培养理论基础

### （一）创新创业型农业人才理论基础

1. 人力资本理论

人力资本理论的概念是在20世纪60年代时，由美国著名经济学家、诺贝尔经济奖获

得者——"人力资本之父"的舒尔茨（Theodore W. Schultz）和贝克尔（Garys Becker）率先总结并提出的。二人主张，人力资源是形成人力资本的主要源泉，其中包括体力劳动与脑力劳动。人力资源的重要性比自然资源等物质资本高，它为社会创造了独特的物质与精神财富，推动了经济社会进步发展。人力资本理论认为人力资本形成的基础是人力资源，通过一系列的投资方式，可以将人力资源转化为人力资本。同时，它强调，作为人力资本核心的教育投资，是提高人力资本总体质量的最主要手段。相较于其他要素投资所获得的收益，对劳动者进行教育、职业培训等更加有效。可以说经济增长、社会发展与教育投资的多少成正比关系。教育投入越大，机会成本收回越多，人力资本的价值就越高。在经济社会发展过程中，教育投资作出巨大的贡献，发挥了不可替代的作用。

我国当前的主要矛盾虽然已经转化，但解决这一矛盾最重要的还是依靠经济增长发展，特别是实体经济发展。在实体经济发展过程中，人力资本是不可或缺的要素，尤其是具有专业技能的一线生产人才。而职业教育就是目前培养这些一线人才最主要的途径之一。那么，若要提高一线人才的人力资本价值，就应该加大对职业教育的投入，使人力资本产出最大化，职业院校学生也将因此获得更多的就业机会、收益和回报。

因此，有效利用人力资本理论可以为解决高职院校毕业生农村就业创业问题研究提供一些理论支撑。

2. 乡村振兴理论

乡村振兴作为国家战略，充分体现了党和国家坚持农业农村优先发展、突出"三农"重中之重的战略地位。农业农村现代化是国家现代化的重要方面，不仅凸显了乡村在国家现代化建设中的重要价值和地位，也是具体落实和践行农业农村优先发展的顶层设计保障，更意味着未来时期农业农村领域将孕育着无数的创业机会和巨大发展机遇。

乡村振兴作为今后时期农业农村发展的总方针，同前期国家提出的农业农村发展战略既一脉相承，又与时俱进。乡村振兴不仅要焕发和重振农业农村的往日风采，更多的是实现农业农村人的、物质的、制度的、党的建设等方面的全面振兴，每一个振兴的背后对大学生而言都是一片创业的舞台和天地。具体来说，产业振兴，有助于帮助更多的大学生创业者立足农业产业，耕耘在农业的沃土上，实现创业的成功，这也是大学生选择在农村创业的首选。

人才振兴，农业农村人才的振兴不全部依赖于大学生群体，但大学生这一宝贵资源的流动，势必将为乡村振兴注入强大的生机活力，就大学生本身而言，通过选择耕耘在农业农村的沃土上，一定程度上也是乡村人才振兴的有力之举，在实现自身抱负和理想的同时，为乡村带去最新的科技知识、经营理念和资金信息。

乡村振兴是解决新时代农业农村社会矛盾的有力有效抓手，凸显了农业农村社会建设的重要性、紧迫性和时代性。

乡村振兴理论主要体现在以下几个方面：

（1）经济建设

农业农村经济的发展，既是乡村振兴的应有之义，也是持续推进乡村"五大振兴"的基础。经济建设的首要目的是满足于人们对生产生活的基本需求，同时也是满足人们持续追求更全面、更高质量的生活的向往，是解决社会发展矛盾的重要范畴。当前，农业农村经济的发展突出以农业供给侧结构性改革为主线、加快补齐农业农村社会的发展短板，在充分尊重自然规律、社会规律、市场经济规律的基础上，加大制度的、组织的、管理的、系统的创新实践。加快农村土地产权制度改革和农业经营制度改革等，加快农村社会的各项改革创新，激发农业农村地区的发展活力和创造力。

（2）文化建设

中华文明源远流长、博大精深，农耕文明是中国传统文化的重要方面，孕育着、滋养着乡土文明。广袤的农村地区是挖掘中国文化、讲好中国故事、推进文化振兴的重要阵地，也是中华民族从劫难走向复兴的有力见证。推动农村文化振兴，就是要深入挖掘农村地区的自然遗产和文化遗产，不断继承和发扬中华文化，推进中华文明走出国门、走向世界。充分利用、不断发展农村优秀文化，发挥文化的滋润作用，推进农业农村社会经济的不断发展，服务于实现中华民族伟大复兴的大局。

（3）生态建设

充分认识生态环境建设的重要意义，有助于持续加快农村发展、持续改善民生。农村地区幅员辽阔、自然资源丰富，农村的生态环境成色直接决定了农民群众的生活质量和幸福指数。

广大高校毕业生利用在农村就业创业的契机，向广大农民传播先进的生态环保理念、从事环保领域创业，突出抓好以农村人居环境整治和美丽乡村建设。一是持续加大对农业农村地区生活环境硬件设施的改造升级，引导更多的农民认识生态、保护环境、尊重自然；二是加强对农业废弃物的回收和处理，农业生产是一项社会活动，势必会带来环境的污染，这就需要针对遗留下来的废弃物进行及时、有效、生态的回收和利用。

3.劳动力市场二元分割理论

20世纪60年代，美国著名的经济学家多林格尔和皮奥里（Doeringer and Piore）首次提出了劳动力市场分割理论（又被称为"双重劳动力市场模型"）。不同劳动力市场的薪资报酬、晋升机制、工作环境、劳动保障等都不同，这是因为一个国家各部门劳动力市场、各类人群，在经济、政治与其他社会制度等多种因素的共同作用下，他们获取劳动力市场信息的时效性和劳动力进入市场的途径等方面有各种差异。每个国家和地区的劳动力市场分割因素不同，劳动力市场分割状态也不同。比如我国的劳动力市场分割，相较于其他国家具有更多的标准和特征。这是因为我国地域差距、城市乡村之间差异、农工商等行业及各领域的差异较大，导致各地区经济发展不均衡。我国劳动力市场分割的主要特征是城乡劳动力市场分割、主要次要劳动力市场分割。根据劳动力市场分割理论，劳动力市场一般被划分为主要劳动力市场和次要劳动力市场。主要劳动力市场（或城市劳动力市场）包括一些大中型企业，这些企业（城市）的生产技术含量较高、生产资本雄厚、学习培训规范、福利待遇保障完善，他们能够为高学历、高素质、高技能的劳动力提供更多更好的就业发展机会。与此同时，学历较低、专业技能低下、没有接受过专门学习培训的劳动力，则只能退而求其次选择次要劳动力市场（农村劳动力市场）。由于各种条件的限制，人员流动在两个劳动力市场之间很少发生，劳动力自由流动受到了较大的限制。一般来说，一旦进入主要劳动力市场就不愿意转向次要劳动力市场，而进入次要劳动力市场的劳动者，一般也很难有机会走入主要劳动力市场。

目前，我国城乡劳动力市场分割、主要次要劳动力市场分割现象较为严重，导致大学毕业生就业存在一些障碍，一方面，一些就业人员一旦无法进入主要劳动力市场（或城市劳动力市场），即使面临无法就业的困境，也不会去次要劳动力市场寻找机会，也就出现了一些大学生主动失业的现象。另一方面，由于城乡差异大，一部分毕业生只能退而求其次"选择"次要劳动力市场（农村劳动力市场），因为选择是被动的，那么在工作过程中，其工作效益必然大打折扣。

4. 内容型激励理论

内容型激励理论，是指针对激励的原因与起激励作用的因素的具体内容进行研究的理论。这种理论着眼于满足人们需要的内容，即人们需要什么就满足什么，从而激起人们的动机。内容型激励理论以美国社会心理学家亚伯拉罕·H.马斯洛的需求层次理论、弗雷德雷德里克·赫茨伯格的双因素理论及戴维·麦克利兰的成就需要理论为代表。

其中，马斯洛的需求层次理论认为，每个人的需求都是不同的，同一个人在不同时段也会有不同的需求。因此，他提出，在特定的时期，人会有一个特定的优势需求。人的需求被马斯洛划分为五个层级，由低到高依次为生理需求、安全需求、社交需求、尊重需求和自我实现需求。生理需求及安全需求作为人最基本的需求，构成一个人生存的基础。追求更高层次的需求是一个人在其基本需求得到满足之后，自然而然产生的行为。满足了生理需求及安全需求后，社交需求及尊重需求就产生了，以此获得更高更好的发展。而自我实现需求是最高层次的需求，这个层次的需求是为了实现自我价值、全面发展而产生的。一般而言，只有低级需求被满足之后，人才能去追求更高层次的需求。在工作中，人们的热情一般是被高层次需求所激发的，这也说明，已经被满足的需求，就难以继续起到激励的作用。为更加有效地引导高职院校毕业生到农村就业创业，最重要的问题，其实就是找准这个群体的高层次需求，才能以此作为激励，让农村吸引他们，起到相应的作用。

## （二）相关理论基础

1. 国家中长期人才发展理论基础

新时代的人才资源已经是国家的核心竞争力，为全面推动国家经济建设，人才资源必须得到良好的开发和利用。人才发展规划中明确提出我国今后的一个人才发展指导方针：服务发展，即围绕服务科学发展作为开展人才工作的根本，以服务科学发展为目标，制定相应的人才队伍建设政策措施；人才优先，即确定在各种社会经济资源发展中，以人才队伍建设作为优先战略，确保人才资源能够得到优先开发，保证人才投资；以用为本，人才资源得到开发之后，要投入使用环节，为充分发挥人才的作用，必须最大化合理利用人才资源；创新机制，深化改革创新是推动人才资源开发利用，发展人才的根本动力，为了打破传统思想观念和制度的束缚，构建有利于人才发展的体制机制，必须对人才资源的开发利用做出相应的创新机制；高端引领，即培养一批各行业高端人才，包括政治人才、企业人才、科学技术人才，社会哲学等学科人才，以高端层次人才引领更大的人才队伍建设；整体开发，即对各行业各领域不同所有制人才资源进行开发，实现整体人才队伍能够协调发展。

《人才规划纲要》中明确人才队伍建设的主要任务是培养创新型科技人才，大力开发紧缺人才，统筹各类人才队伍建设，并提出完善人才工作管理机制和创新人才工作机制。为保证人才资源的开发利用，优先保证人才发展的资金投入，并实施产教融合的创新型人才培养政策，引导和鼓励人才扎根基层开展乡村建设工作，并对人才创业进行一定的资金和技术帮扶。

针对农村实用型人才队伍的培养建设，《人才规划纲要》中制定围绕新农村建设，培养以农村实用型人才为领导的人才队伍，其中以农村实用人才和农村生产经营人才为主力军，重点打造为乡村经济建设搭建的农村实用型人才队伍，并制定了到2020年全国农村实用型人才总量为1800万人的人才培养目标。为完成这一目标，《人才规划纲要》列出具体措施，即多方人才党培养培训共同开展，整合传统现有的培训手段，因地制宜开发农村实用人才，并积极鼓励农村实用型人才带头创业，完善各项培养和发展农村实用型人才的政策机制。

2. 农业人才培养相关理论

针对农业人才的培养，中华人民共和国农业农村部制定了《农业农村部2020年人才工作要点》，工作要点指出坚持以新时代中国特色社会主义思想为指导，认真落实中央"一号文件"等部署要求，围绕脱贫攻坚、乡村振兴战略、实现农业农村现代化，加强农业农村人才队伍的建设，为全面建成小康社会提供人才资源支撑。工作要点中指出继续强化农村实用型人才培训班的工作开展，农村实用人才培训班的工作重点倾向于贫困地区尚未完成脱贫工作的贫困县，培训班的对象主要为贫困村中有一定任职、较有威望、受到教育、有一定产业发展的人员，以强化带头的作用。同时整合中高等涉农高校等教育资源，推进大批量高素质农民学历提升计划。对于农技推广人才和公共服务人才的队伍建设进行一定的强化，从基层农业科学技术推广人才开始强化培训，完善培训机制，提高培训工作的精确性。为确保农业产业的稳定发展，强化农业综合行政执法队伍的建设和农村公共服务人才队伍建设。为保证农村经济的发展，继续通过各项机制政策，带动当地农业人才开展创新创业工作，而在创新创业农业人才的培养计划中，加大对于创新创业型农业人才的培养力度，为创新创业型人才提供有效经济保障和政策支持。

3. 乡村振兴战略对创新创业相关理论

为带动乡村产业全面振兴，乡村振兴发展战略明确提出优化农村的创新创业环境，以市场经济为导向，创建一个和谐、公平、公正、有利于农业人才进行乡村产业创新创业的大环境，推动乡村大众完成创业创新创收工作，进而推动农村经济的发展。

为激发农村创新创业的热情，首先要培养且壮大创新创业的群体，推进产教学的合作，扩大农村创新创业的群体，主要以企业作为农业产业创新创业的主导，带动和支持回到乡村中进行创新创业人员依托农业三产融合碰撞下生成的产业链进行创业发展，整合多方资源推动农村创新创业的进度，鼓励当地居民就地创业或返乡创业，并加大各方资源对于本地原住民的创新创业扶持力度。同时加强乡村科技逛逛特派员的工作力度，引导科学技术、市场信息等多种现代化生产要素向乡村创新创业产业倾斜。

完善创新创业的服务体系是推动农民在农村开展创业工作的有效保障，一个完善的服务平台有利于乡村开展创新创业工作。因此发展各种形式的创新创业服务平台也是一个重要环节。创新创业离不开资金的支持，为保证创业能顺利进行，必须建立创新创业的激励机制，加快财政方面的政策措施，多方面资金支持，落实各项减免税费或降费的政策，推动乡村农业产业创业道路的建设。

4. 创业培训相关模式

目前，国内主要的创业培训分为 GYB、SYB、IYB 和 EYB 四个模式。

GYB 为创业意识培训，主要针对未创业者或有创业意愿的人员进行相关的培训，使创业者能够通过培训增强创业意识和自我认知，形成一个可行的创业构想，并对市场经济有一定的认识，对风险有一定的评估，通过培训创业者能够学会对员工的科学管理方式，掌握创业启动资金的计算方法、纳税技巧等。

SYB 意于开始创办企业，这种培训模式主要面向有创业意图或正处于初步创业阶段的创业者，为培训者解决如何创业、确定创业方向和提高创业成功率的培训。SYB 模式从国外引入，目前已在全国范围内推广，是最为广泛的创业培训模式。SYB 模式主要分为创业前期理论学习培训、辅导咨询培训和后续的扶持培训。

IYB 模式的培训主要针对已成功创办企业的创业者，通过对后期创业的培训让已成功创立的企业进行各方面的改善，是对 SYB 培训模式的进一步提升，通过各方面培训，让创业者进一步改善和巩固现有的企业。

EYB 模式是对 IYB 模式的进一步培训提升，其培训目的在于帮助创业者成功扩大现有企业规模。

# 第二章 乡村振兴战略目标对高职教育的要求

## 第一节 以农村产业的发展带动农村经济的发展

乡村振兴战略要求农村经济走产业化发展的道路,将农业生产的产业链整合在一起,提升农业产业发展的科技含量。高职教育需要与产业发展相结合,对农民进行创新创业教育,提升农民的职业技能,培养农民的科学文化素养,帮助农民提升农业生产的科技含量,以农村产业融合促进农村经济的发展。

### 一、乡村振兴战略视角下我国乡村产业发展

#### (一)农村产业融合发展历程

产业分工使一、二、三产业之间分离发展。而随着技术进步、专业化程度不断提高,为了提高劳动效率、增加产品竞争力等因素,一、二、三产业之间界限开始模糊,产业之间开始融合发展。柏拉图在《理想国》中论述了他关于分工的理解,"分工可以促进生产力的提升,若一个人专心一种生产,所生产的东西必然数量较多、质量较优。"分工,是为了更好地实现专业化。产业界限随着专业化程度提升而不断明确,但随着各产业专业化程度提高、科技进步,为了进一步减少生产产品的必要劳动时间、节约成本、提高竞争力,产业在分工基础上开始逐渐融合。分工理论和产业融合呈现出对立统一的关系,这是农村产业融合理论的源流。

农村产业融合发展的概念提出并非一蹴而就,不同时期农村经济出现的新情况、新问题,国家不断调整农业与农村经济政策,不断激发农村经济活力,为农村产业融合发展积累了宝贵的经验。改革开放后,乡镇企业异军突起,这些建立在农村地区的乡镇企业,以农业及其延伸产业为主要业务,开始和农村农业产生联系,开启了我国最早的农业和其他产业互动的组织模式,为农村产业融合发展奠定了基础。

20世纪90年代以后,我国经济发展迅速,农业生产力大幅提高,但是由于市场经济盲目性、自发性的局限,导致生产、销售信息不对称,部分农产品出现滞销现象,全国各地加快了农业市场化的探索。国家和地方出台各项政策,支持贸工农、产供销一体化发展,在全国范围内掀起了农业产业化的高潮。

21世纪后,我国经济快速发展,国家经济实力和综合国力日益增强。城镇化和工业化的快速推进,对农业农村的支持力度不断加大,农业农村基础设施不断完善。农业与二、

三产业边界日益模糊,全国各地开始出现农业与二、三产业融合发展的趋势。郊区观光农业、休闲农业开始兴起。生产、加工销售一体化的农产品越来越受欢迎,农产品科技含量不断增加。目前,以农村电商和乡村休闲旅游为代表的产业融合发展最为兴盛。

### (二)农村产业融合发展特点

农村一、二、三产业融合发展,是紧紧依靠农村资源禀赋发展与农业相关的一、二、三产业。近年来,随着国家各项"三农"政策不断推进,我国农村新产业、新业态、新模式快速增长,农业产业链延长,农村产业融合发展呈现出新特点。

农村产业融合具有多维性特征。从历史的维度、现实的维度、世界的维度、哲学的维度分析农村产业融合发展,对于我国农村产业深度融合、助力乡村振兴具有重大意义。历史地分析和看待问题,是马克思主义的一个重要的方法论原则。从历史的维度来看,中国经历了几千年的农业社会,从历史中看成败、鉴得失,才能更加深刻地把握农村产业融合发展的精髓、要义。从现实的维度来看,抓住我国现阶段社会发展的主要矛盾,在乡村振兴战略的指引下,明确农村产业深度融合发展的要义,更好地实现农业、农村现代化发展。从哲学的维度来看,中国农村产业融合发展符合马克思主义关于农村农业发展的客观规律。

农村产业融合具有多样性特征。农村产业融合发展模式多样化。农业与旅游、餐饮、文化等产业融合越来越明显,一、二产业融合、一、三产业融合以及一、二、三产业融合发展的模式越来越多元化,"合作社+公司+农户"生产、加工、销售一体化的发展模式越来越完善,生态旅游、特色小镇建设日趋成熟,"互联网+农业"模式使网络零售销量倍增,农业产业发展形成了从农田到餐桌的全产业链模式。

农村产业融合具有开放性特征。农村产业融合发展的开放趋势更加明显。在乡村振兴战略背景下农村产业融合迎来发展黄金时期,借助"一带一路"建设的良好契机,农村产业融合发展开放程度不断扩大,以农业为基础的农产品深加工等行业销往国内、国际两个市场,农业产业链在更大范围内布局与重塑。农村产业融合利益共同体更加紧密。生产、加工、销售一体的农业产业链条延长,把农户与农业生产合作社、生产加工公司紧密融合在一起,形成了利益共享、风险共担的利益共同体,增加了农业生产的抗风险能力,提升了农业产业价值链条。

### (三)农村产业融合发展的模式分析

产业融合运营模式主要分为农业产业链延伸型融合、农业功能拓展型融合和先进技术对农业的渗透型融合三类。

1. 农业产业链延伸型融合及案例分析

(1)农业产业链延伸型融合的机理及内涵

根据机理图(见图2-1)可知,产业链延伸型融合即以农业为出发点,以农产品加工为着力点,向产业链前后两端不断延伸,将农产品基础资源供应、生产、加工、运输、营销平台构建、销售等各个环节联结起来,实现农产品一体化经营的产业融合模式。这种"以一产业为基础,以二产业促进一产业,通过二产联通三产业"的产业链延伸型融合,能够有效降低交易成本,提升农产品附加值,给农村三次产业融合带来"1+1+1>3"的增效应。

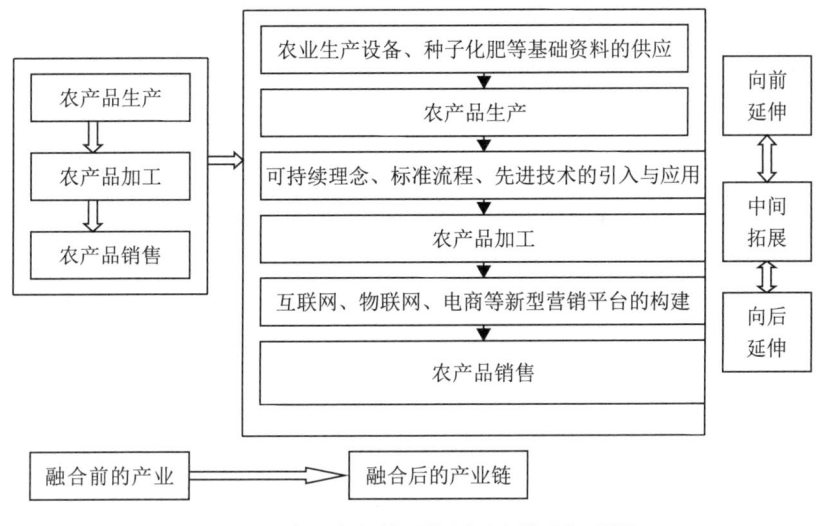

图 2-1　农业产业链延伸型融合模式机理图

（2）农业产业链延伸型融合案例分析

安徽省长丰县是全国草莓种植第一大县,素有"中国草莓之乡"的美誉,草莓产业的迅速发展为长丰县带来了巨大的经济效益,但草莓产业整体生产效率比较低,草莓种植、生产加工、销售等各环节均存在诸多问题,降低了草莓的生产效率与市场竞争力。2015年,长丰县根据合肥市的相关文件,开始推进以恒进农业有限公司为龙头企业、草莓家庭农场为种植大户、合肥莓福园合作社为网络销售平台的农村三次产业融合发展。在推进过程中,尤其注重与科研院所建立合作关系,引进先进的检验检测设备,使草莓脱毒种苗繁育及鲜果的质量得以保证。以物联网等信息技术为媒介,有效衔接育种育苗、草莓生产、流通销售等各个环节,构建覆盖全产业链的质量可追溯系统,使草莓实现了信息化、可视化发展（见图 2-2）。自产业融合推进以来,长丰县不仅提升了草莓的生产质量与整体的经济效益,而且更加注重草莓品牌的打造,极大地提升了长丰县草莓的市场竞争力。

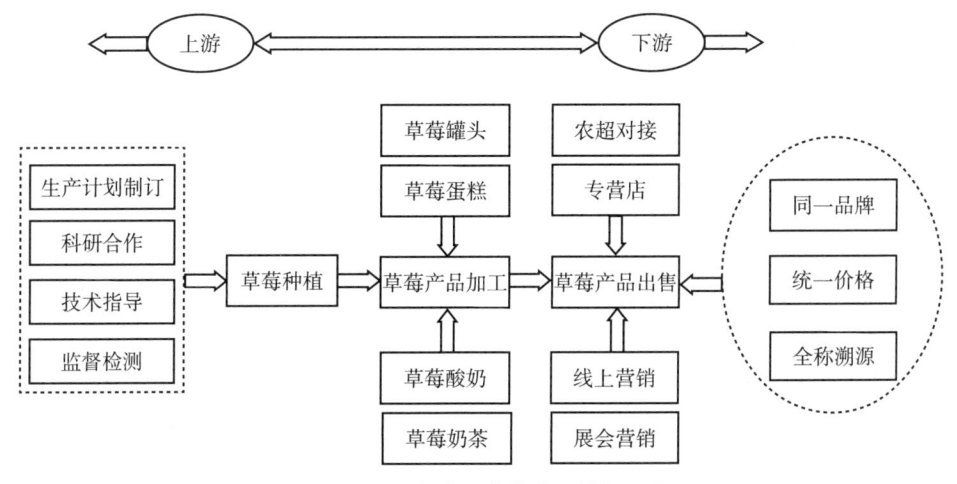

图 2-2　长丰县草莓产业链机理图

农业产业链延伸型融合发展有两方面的重要意义：一方面，该模式注重对农产品及其衍生品进行深层次开发，创新农产品类型，拓展农产品潜在的消费空间，以新消费带动农村经济的发展；另一方面，该模式能够延长产业链，将原本外溢的交易成本内化，使资金重新流回农业领域，为农业发展提供资金保障。密切农户与产业链上下游其他经营主体之间的联系，使农户不再游离于产业链之外，有效解决信息不对称引起的资源浪费问题，实现"按需生产"，这使得产业链延伸型融合模式在全国各个地区都得到了普遍应用。

2. 农业功能拓展型融合及案例分析

（1）农业功能拓展型融合机理及内涵

根据机理图（见图2-3）可知，农业功能拓展型融合能够使农业产业元素与其他产业元素相互渗透、应用、融合，最终使农业不仅发挥其最基本的经济功能，还能够发挥社会、文化、生态等其他方面的功能。该融合模式不仅能够拉动内需，提供就业岗位，进行生态修复，还可以利用农业传统文明，打造特色农产品品牌，提升农产品的市场价值等，例如江苏淮安的盱眙龙虾品牌价值近180亿元、洪泽湖大闸蟹品牌价值80亿元，品牌的塑造给该产业带来了巨大的经济效益。

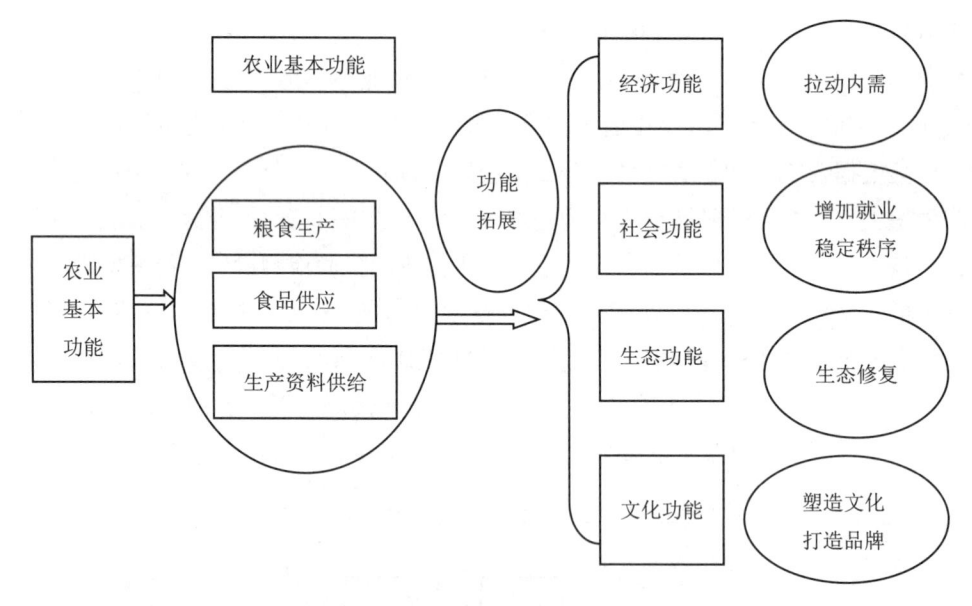

图2-3 农业功能拓展型融合模式机理图

（2）农业功能拓展型融合案例分析

1982年，张弼士为了实现"实业兴邦"的梦想，先后投资300万两白银在烟台创办了"张裕酿酒公司"，拉开了中国葡萄酒工业化生产的序幕，现在该企业已经成为全国乃至整个亚洲最大的葡萄酒生产企业。"张裕酿酒公司"之所以取得如此大的成就，是因为该企业除了进行简单的葡萄种植、葡萄酒加工、葡萄酒出售之外，还充分挖掘葡萄产业的其他功能，如葡萄园观光、葡萄酒生产线观光、制酒体验、酒文化演出、葡萄酒博物馆、葡萄庄园农家乐等，使葡萄产业的经济、文化、生态、社会等功能充分发挥出来，给"张裕酿酒公司"带来了极大的经济效益，是农业功能拓展型融合的典型案例（见图2-4）。

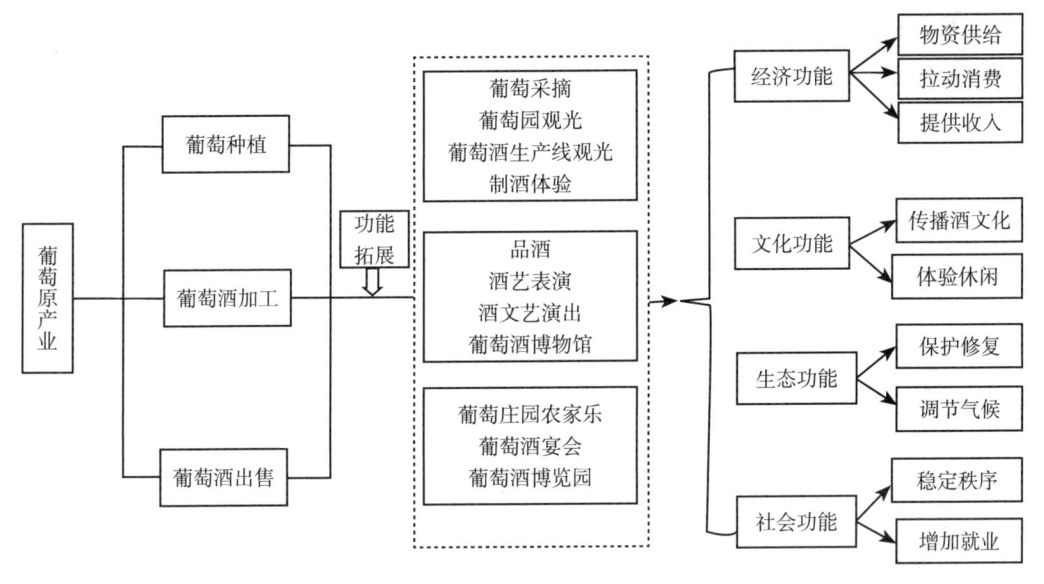

图 2-4　葡萄酒产业功能拓展型融合机理图

3. 先进技术对农业渗透型融合及案例分析

（1）先进技术对农业渗透型融合发展的机理及内涵

根据机理图（见图 2-5）可知，先进技术对农业渗透型融合是指信息、生物、遥感、"互联网+"等先进技术渗透到农业生产的各个过程，最终实现农业生产效率提升、农产品加工流程与销售模式更新的融合模式。先进技术的渗透性、系统性、带动性等特性使其渗透到农业发展的每个环节成为可能，使众筹农业、共享农业、创意农业等各种新兴农业应运而生，引导着农业发展与创新的方向。但当前农业与信息技术的发展存在巨大的速度差，因而农业中技术要素更多的是一个被动过程，可以说农业对先进技术的适应能力与应用能力直接影响着渗透型融合的深度。

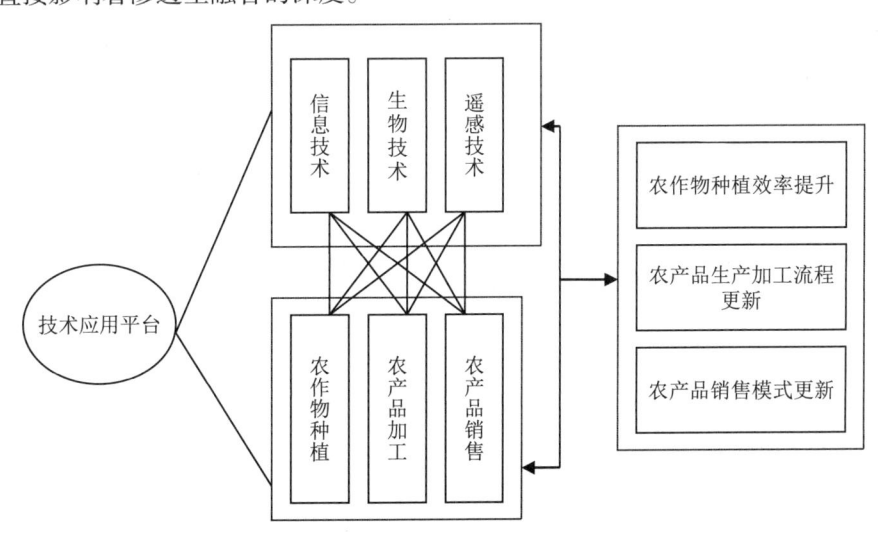

图 2-5　先进技术对农业渗透型融合机理图

（2）先进技术对农业渗透型融合案例分析

狮峰山是浙江省西湖龙井原产地一级保护区，其生产的狮峰龙井是"狮龙云虎梅"五种龙井茶里等级最高的一种，市场价值非常高，可以说茶叶是该地区最主要的经济作物，因此每年春天的采茶季都是采茶工最繁忙的季节。但是采茶工多以女性为主，加之狮峰山山路难走，往返少则20多分钟，一些陡峭地带则需一个多小时。为了保证茶叶口感，采茶工必须将采摘后的鲜茶叶即刻背下山进行摊晒、炒制，然后上山继续采摘，每日数次上山下山，严重影响了茶叶的采摘、摊晒、炒制效率。

2018年，由菜鸟无人机组成的"飞行编队"在狮峰山得到应用，采摘下的鲜茶叶从山上送达山下的炒茶中心仅需2分钟即可完成，使茶叶在最短时间内得到摊晒、炒制，既降低了采茶工的劳动强度与茶叶的损坏率，又提升了采茶效率，保证了茶叶的口感，是茶叶产业链整体升级的一种体现，也是先进技术对农业渗透型融合的典型案例。

## 二、高职教育需要与产业发展结合

### （一）高职教育在农业产业发展中的作用

我国现有传统农业的组织形式和农业生产方式存在一系列问题，自然生态环境的污染、传统耕作方式的低效等问题日益突出。现代农业发展应该融合战略性新兴特色产业，定位保障农业经济的功能，发挥农业生态功能，强化农业产业辐射带动功能，深化农业社会服务功能。

中国农业转型升级需要校企合作的科研力量加以带动，农业生产效率的提高需要职业农民实用技能的提升，农业收入的增加需要农产品销售模式的变革，市民生活质量的优化需要农产品质量的保障。高职教育服务于农业生产第一线，为农作物种植养殖技术和方法提供咨询与辅导，为农民增产增收提供具体尝试和建议，在农业人才的实践技能和创新技能培养方面的地位日益突出。

### （二）高职教育与农业战略性新兴产业对接的内涵和意义

"十二五"开端时期，中国农业已经取得了长足发展，由传统农业的分散化向集中和规模产业化方向迅速发展。同时，农业资源开始整合，农业产业链逐步延伸，农业生产走科技生产的道路。农业战略性新兴产业发展的实现要有大量农业专门人才来完成。高职教育与产业尤其是新兴产业的对接成为高职教育发展的重要方向。

高职教育的目标是为国家和地方经济发展培养生产、建设管理和服务第一线的应用型高素质人才。对农业而言，本科以上的农业专门人才大多数从事农业生物科技研发领域的工作，而大量农业新兴产业的发展、扩张和实践都需要农业领域的实践型人才来完成。这给农业领域的高职教育提出了新的要求。高职教育亟须将人才培训和实践人才的孵化与农业战略性新兴产业进行有效对接。人才培养方向和学科建设应该服务于当地特色农业和新兴产业经济建设的主战场，专业设置和就业培训应该与农业产业结构和具体需求岗位相吻合。

### （三）高职教育推动农业战略新兴产业发展的现实可行性

农业战略性新兴产业对高职教育提出了创造性、宽知识面的要求。对接农业战略新兴产业的人才，应该具备自主学习能力、丰富的想象力和洞察力、人际关系协调能力和实干等能力，同时应该深入农村生产，具备从事农业产业建设的热情。我国农业战略性新兴产业的迅速发展需要各种熟悉和了解综合性技能的农业从业者。高职院校培养熟悉信息技术和网络营销，同时了解农业市场的复合型人才，在农业电子商务平台维护、农产品微博营销技能、农业物流管理、农超对接运作实践等方面做到有的放矢，推动农业产业向智慧型转化。

农业战略新兴产业的发展依赖于拥有创意理念和熟知市场需求的品牌运作农业人才，也依赖于踏实工作、了解农产品文化和培育的高素质职业农民。高职教育为农业战略新兴产业提供职业农民和新型农产品经营人才的双重人才输送，形成新型职业农民培育体系和创意农业人才的孵化模式，加快开发和展现中国农业优良的自然环境、历史文化和民俗风情。高职教育体系为农村经济培养大量乡村组织管理人才、农业企业经营人才、农村经纪人以及农民专业合作社运作人才。

## 三、高职院校服务乡村产业发展的路径

围绕地方经济社会发展办学是高职院校生存发展的基础，为地方经济社会发展服务是高职院校的职责使命。高职院校的社会服务其实就是一种供给，这一供给应源于社会需求，没有需求的供给是无效供给。这就要求高职院校的社会服务立足和着眼于区域经济社会发展的需求，特别是涉农高职院校更要与时俱进，结合区域乡村振兴中乡村事业发展、产业发展、企业发展等的需求，提供更为精准、高效、适用的服务。同时，涉农高职院校要依据乡村振兴需求的变化积极拓展服务领域，提高服务能力和水平。

1. 聚焦农业全产业链，构建技术技能人才培养链

专业是职业院校服务地方经济社会发展的桥梁和纽带，专业结构在一定程度上反映出职业院校人才培养、科学研究与社会服务的领域，也就是说，专业结构决定着高职院校能够为地方经济社会发展提供的服务范围。

首先，要深入开展调查研究，精准把握地方"三农"需求，依据地方农业产业、农村事业、农民家业发展建设的需要，科学合理设置和开发专业，特别是要紧贴地方的支柱产业、主导产业、新兴产业设置和开发专业，构建耦合农业全产业链的人才培养链、技术开发链和技术服务链。如铜仁职业技术学院结合地方深入实施大扶贫、大生态、大健康战略行动，紧贴生态茶、中药材、生态畜牧业、蔬果、食用菌、油茶等产业扶贫的六大主导产业，设置生态农业技术、畜牧兽医、茶树栽培与茶叶加工、园艺技术、中药学、农产品加工与质量检测、电子商务、市场营销等涉农专业，着力建设农业生产技术专业群，为地方农村产业革命和乡村振兴培养高素质技术技能人才。

其次，要依据质量提升以及服务"三农"需要，向涉农专业倾斜教师岗位设置数，积

极引进符合专业发展、服务乡村产业振兴需要的相关专业人才，为地方农村产业革命提供人力支撑。

最后，要遵循教育教学规律、人才成长规律和产业发展规律，通过校地合作、校企合作、项目实施等，切实加强实训基地、实习基地、示范基地等建设，改善涉农专业办学条件、科研条件和服务条件，不断提高专业的办学能力与水平。

2. 聚焦农民综合素质，开展农民教育培训

人才是制约乡村振兴的"瓶颈"问题，新型职业农民是乡村产业发展的中坚力量，涉农职业院校应充分发挥自身的优势，整合和利用校内外的教育培训资源，依据农民认知规律，兼顾农民需求的多样性、农事的季节性、环境的依赖性和生产的周期性等，在培训目标设定上注重与农业人才要求的吻合性，课程体现设置上注重与农业生产特点的针对性，教学过程安排上注重与农业生产过程的适应性，实践教学落实上注重与农业生产周期的同步性，为地方培训、培育、培养一大批爱农业、有知识、懂技术、善经营的新型职业农民。

首先，要结合农民培训、培育和培养需要，校内建设农业科技示范园、开放性实训基地、技能大师工作室等具有"教、学、做、推、研、训、产"多功能农民教育培训基地，校外要选择生产规模适度、生产经营规范、设施设备先进的省级以上农业龙头企业和高效农业园区，作为校企合作的农民教育培训基地。

其次，要积极创新农民培训模式。对科技文化素质差的受训者，可选择师徒制的"以师带徒、工学结合"模式；对科技文化素质较高的受训者，可选择导师制的"项目引导、任务驱动"模式，让农民在师傅、导师的指导下，从"听、看、做、悟"中获取知识和掌握技术。

最后，要依据受训者的个性化需求，调整培训内容和实践项目，以满足农业经营主体的生产经营管理、农业生产人员的生产技术、农民转移就业的转岗技术等的精准需求。

3. 聚焦农业资源开发，进行应用技术研究

职业院校应与相关的行业、企业、科研院所开展协同创新，聚焦地方产业发展进行技术研发。在当前农产品结构性过剩和结构性短缺背景下，乡村的产业振兴就是要通过产业优化选择来调整农业产业结构，增加高端农产品的生产与供给，减少低端农产品生产与供给，在农业产业兴旺的同时满足人民日益增长的美好生活需要。涉农职业院校应依据地方的农业生物资源、土壤资源、气候资源等农业资源，积极引进和消化吸收高端农产品生产技术，开展地方特色高端农产品的应用开发研究，为乡村振兴的产业优化选择和高端农产品生产经营服务。

首先，要积极搭建科研平台，结合地方脱贫攻坚、农村产业革命和实体经济建设需要，建设工程技术研究中心、重点实验室、协同创新中心等技术研发平台，不断增强学校服务地方农村产业革命的承载能力与水平。

其次，要壮大科研队伍，积极培育和引进高层次人才，加大农村产业革命相关团队带

头人的培养力度,并整合校外相关行业、企业以及科研院所的优质资源,组建和培育技术开发团队。

最后,要通过申报和承担纵横向课题,对农业全产业链的相关技术进行应用开发研究,着力解决地方现代农业产业体系、生产体系和经营服务体系的技术问题,特别是突破地方特色农业资源开发、农业转型升级和提质增效的关键技术、核心技术和实用技术问题,为地方农业产业发展提供技术支撑。

4. 聚焦农业生产技术问题,实施技术服务

随着我国市场经济与农业产业化进程不断推进,特别是当前农产品结构性问题的凸显,农民的技术需求逐步向全方位、高质量、高收益、标准化、信息化转变,农业技术服务也将由农产品短缺时期的产中的技术指导与示范,拓展到产前的产业与农资选择、产后的储运与销售。涉农职业院校应凭借自己的人才、技术与设备优势,积极组织专家教授对农业生产经营中遇到的技术问题进行把脉诊断,为农业企业和农民提供更为精准的技术服务。

首先,要组建应用技术服务中心,加强对技术服务的统筹,有条件的院校要结合地方农业支柱产业、主导产业、新兴产业等,特别是农村产业革命和扶贫脱贫的重点产业,有针对性地成立诸如种植技术、养殖技术、加工技术等技术服务组织,以便于组织实施专项技术服务。

其次,要依据校内外的专兼职教师队伍情况,组建"博士团""硕士团""教授团"等技术服务团队,实施诸如"一师一班一村(园区)一品"服务计划等行动,让脚上有泥、手上有茧的"西瓜教授""牛羊教授""果蔬教授"进村入户实施技术诊断,并通过农技服务"专家—农民微信群"对农民实施个性化技术指导。

最后,要鼓励教师以团队带项目形式进村入户,以技术入股等形式领办创办专业合作社或农业企业,在促进地方农业产业转型升级和提质增效的同时,探索和实践与企业、农户的利益共享机制,促进共同发展;要面向地方经济社会发展,特别是实体经济建设和脱贫攻坚行动,建设开放性的实验实训中心、工程技术中心、检验检测中心等,与行业企业和农户共建、共享、共用相关人力、技术和设备资源,助推地方农业技术进步。

# 第二节 整体提高农村的村容村貌,满足生态宜居的要求

当前,农村的村容村貌是影响农村社会发展的重要因素之一,需要将农村的循环经济发展作为乡村振兴的重要因素,合理地规划农村土地、治理农村生态环境,将农业强、农村美、农民富的社会主义新农村建设结合在一起,全面整治农村的村容村貌,促进农村生态环境的改善。高职教育利用农村成人教育,对农民进行职业培训与生态环境保护教育,"金山银山不如绿水青山",加强农民对生态宜居环境的理解与认识。

## 一、农村人居环境的相关概念

### （一）人居环境

人居环境包含工作、生活、休闲娱乐和社会交往，它是人类活动的主要空间场所。环境科学主要研究的是各种人类的居住形式，包括乡村、城镇和城市。它注重研究人和环境之间的关系，并且是从政治、社会、文化、技术等方面来强调人居环境具有很强的整体性，全面而系统地研究人居环境，是为了在掌握人居环境发展的客观规律的基础上，探索研究路径，更好地建设人居环境。

人居环境的形成是社会生产力发展的结果，也是人类生存状态变化的结果。在此过程中，人类一开始对自然的被动依赖发展到学会逐渐利用自然，到现在的发挥主观能动性积极改造自然。为了方便迁徙，人们要么住在自然洞穴里，随时可以被遗弃，要么住在地面上的小屋里，在树上筑巢。人类最原始的定居点就是由这些生活场所组成的。生产力逐渐发展，农耕和养殖被固定在相对稳定的土地上，由于生产方式的不同形成了农民、牧民、猎人和渔民群体。人类对所居住环境的需求就是从第一次分工开始提出的。人居环境经历了多次演变，从一开始的自然环境到人工环境、再从次生人工环境到高级人工环境，不断演变并将持续演变。就人居环境系统的等级结构而言，这一过程主要被区分为分散的住区、村镇、城市、城市带和城市群等。在此基础上，人居环境又是由硬环境和软环境共同构成的。

人居环境硬环境是指以居民活动为载体，为城市居民服务、居民使用的各种物质设施的总和。它既包括生活条件、生态环境，又包括基础设施，还包括公共服务设施。软人居环境是指人类所处的社会环境。它包括居民在使用环境系统功能过程中产生的由各种非物质形态组成的总和。它既包括生活兴趣，又包括生活便利舒适度，还包括信息交流与沟通等。软环境和硬环境相互区别又相互联系，有硬环境的支撑才有软环境的感受，硬环境的价值取向就是软环境的可居住性。硬环境和软环境在人居环境中的应用程度的基础主要是各类居民的活动轨迹。

### （二）农村人居环境

基于众多学者对人居环境理论的研究成果，农村人居环境的定义可以参照人居环境的定义来解释，农村人居环境主要是指人类在利用和改造自然的过程中所创造的人类活动，如生活、耕作、交通、文化、教育、卫生、娱乐等。农村人居环境作为人居环境的重要组成部分，是农村居民从事生产、休闲、工作和社会交往的重要场所。

对广大农村来说，农村居民收入不断增长，生活水平不断提高，对农村人居环境的要求也越来越高，尤其是在对人居环境、生态环境、饮用水等方面日趋迫切。因此，要从三个方面加强农村人居环境建设：一是要提前规划，引导分类治理农村人居环境，加强对村民自建住房质量的控制；二是要突出重点，农村人居环境需要逐步改善，村庄环境整治需要大力开展，要加快步伐，提高农村环境整治水平，加强力量整治村庄公共空间；三是要完善机制体制，推进农村人居环境改善离不开政府主导，也离不开村民参与，更离不开社会支持。

### （三）农村人居环境治理

建设美丽农村和宜居农村，是建设社会主义新农村的必经之路，其关键就是实施好乡村振兴战略。新农村建设如火如荼，核心内容即加强农村环境的综合治理，这也是推进美好宜居农村建设的重要任务，更是顺应民心的民生工程。开展推进农村人居环境的建设工程，同步推进农村厕所改造，全面提高农村生活垃圾处理水平，开展源头分类减排试点。加快推进农村生活污水的处理工程建设，把乡镇、中心村的生活污水处理问题列为重点。在农村地区进行黑臭水处理。支持农民自发自愿加入清洁绿化村庄建设行动，共同建设"美好家园"。治理到位农村生活垃圾、处理完成农村生活污水、提升各村村容村貌等共同组成农村人居环境整治的主要内容。

在实践过程中，主要发挥好村民的主体作用，自愿自发地参与到整治行动之中，同时做好宣传工作，党员干部带头做好示范，既提倡讲卫生、树新风，又提倡除陋习，还要摒弃不文明行为，让村民有文明建设意识，并愿意为此付诸行动；上级政府也要给予充分的政策支持。农村人居环境的整治必然会涉及资金、人才，村级组织显然不能完全做到，这就需要上级政府给予相应的补助和金融支持，并且鼓励社会参与进来，这样才能在多管齐下的节奏下将农村人居环境治理工作做得到位、高效。

## 二、乡村振兴战略和农村人居环境治理的辩证关系

### （一）农村人居环境治理是实施乡村振兴战略的必由之路

农村生活环境要不断改善，美丽宜居农村要加快建设。乡村振兴战略中，总结出了20字的发展方针共5个方面，一是产业兴旺，二是生态宜居，三是农村文明，四是治理有效，五是生活富裕。治理农村突出人居环境问题，实施好《农村人居环境改造三年行动计划》，推进农村"厕所革命"进程是农村生态振兴的重点，美丽家园的建设已推动生态建设成为农村振兴的支柱。厕所问题不是小事，已经成为城乡文明建设的重要部分。群众生活质量的短板要解决，就要把厕所问题作为战略部分来推动。一个地区的精神文明建设程度如何，农村人居环境进程就能反映，它不仅是我国农村向外部世界展示的名片，更是能够保护好群众利益的关键之处。

农村环境的全面改善，可以促进振兴乡村，也能促进经济的发展，更是推动城乡现有精神文明建设的重要推手，对于重视改善群众的就业创业环境，促进和谐稳定社会的发展具有重要意义，从这个层面上说，农村人居环境治理就是实施农村振兴战略的必由之路。

### （二）农村人居环境治理是乡村振兴战略的必然要求

开展农村人居环境治理，关系到广大人民群众的根本利益，也是建设好美丽宜居乡村的自然要求，总体体现出来的价值取向是以人民为中心。但是，由于我省农村基础设施建设较为滞后，现有的农村人居环境现状与群众的期盼还有差距，农村发展还需要进一步提

升。切实回应老百姓对良好条件的诉求和期盼，坚持以人民为中心的思想，从人民群众的角度出发，从他们的生活需求出发，将农村人居环境治理推向深处，让广大群众能够享受到农村人居环境改善带来的便利。

我国当前正处于关键时期，第一个百年奋斗目标要如期实现还需要巩固全面建成小康社会成果，建设好社会主义现代化强国，才能实现中华民族伟大复兴中国梦，因此，大力推进农村人居环境治理很有必要。

### （三）农村人居环境治理是乡村振兴战略的重要任务

农村基础设施还存在薄弱环节，环境保护观念相对落后，这些都是制约城乡一体化发展的因素。要改善农村人居环境，可以把公共服务的不足之处补上，要把城镇与乡村之间的差距缩小，就要把公共服务的水平提高，引导人才、资金、技术和管理不断向农村流动，把农村独特的社会、文化和生态价值发挥出来，加快农村资源的资产化进程，并以此来提高资产的价值，让生产基地更多地产生于农村，而且更好地发挥生态保护功能，让农村成为人们养老、生活的新空间，真正把金山银山变成绿色青山。做好"三农"工作，在农村振兴战略中占有重要地位，农村振兴战略的重要任务就是农村人居环境治理。

要做好农村人居环境的改善工作，就要为农村高质量发展贡献力量，不仅要创造良好的环境，更要打下坚实的基础，这样才能促进农村产业振兴。使人才真正愿意留在农村，投身建设家园洪流中，更要使城市居民慕名而来，下乡观光、养生，促进农村人才的振兴；既使乡村美丽，又促进农村文化的振兴；既更好地保护生态环境，又使生态成为农村振兴的支撑点，促进农村生态的振兴。

## 三、农村人居环境整治的方向与目标

### （一）完善农村人居环境整治的顶层设计

1. 实现对环境问题的精准识别

区域环境问题的精准识别是推进农村人居环境整治的首要任务，也是必要前提。农村人居环境整治是一项系统性工程，不仅需要统筹污水、垃圾、面源污染等多方面工作，而且需要考虑当地经济实力、农民的生活习惯和文化程度、区域的地理特征等多方面因素。因此，识别区域农村人居环境的主要问题，分析污染源、地形因素、居民习俗等对农村人居环境的影响程度，是正确优选区域人居环境整治防控对象、从源头切断污染路径和科学制定污染防控政策的关键。

2. 因地制宜制订整治方案

农村人居环境整治属于公共基础事务，政府承担决策制定和资金投入，具有举足轻重的作用。政府制订整治方案之前，需要因地制宜，结合不同村庄情况，制订符合当地条件的治理方案，做到"千村千策"，避免"千村一策"的情况出现。此外，政府还需要制订系统性的实施方案，让村庄环境整治工作与当地的文化、习俗系统性联系起来，明确各阶段的目标。政府部门需做好科学的规划监督，而村民需要享有一定的自主决策权，避免在工程实施的同时给当地居民生活带来困扰，否则不仅会造成资源浪费，而且会阻碍当地的经济发展。

3. 建立科学治理模式

坚持"建设一个、见效一个，宣传一个、推广一批"的原则，对好的典型形成在一定范围内的复制效应。以浙江省"千万工程"经验为引领，全面推进农村人居环境整治。借鉴巢湖"全域农村污水治理"经验，实现市场化运营目标，解决农村污水防治长效运维难题。推广淄博"厕所革命"经验，解决农村水环境整治中因群众诉求差异带来的障碍。发挥军民融合优势，吸收国防地下工程和军营垃圾处理建设经验，创新农村垃圾处理技术。借鉴欧美国家粪便综合养分管理计划的经验，建立以畜禽粪污养分管理为基础的准入制度，构建"畜禽养殖—清洁能源—高效肥料—种植"有机衔接的种养模式，进一步推动化肥减量，控制农业面源污染。

### （二）提升农村人居环境的治理和监管能力

1. 研究污染快速监测设备和数据传输技术

信息化是未来管理的趋势，但信息化的前提是开发快速监测设备和稳定数据传输技术。目前包括卫星遥感监测、航空遥感监测和无人机低空遥感监测在内的多种水质遥感监测手段已经在部分城市区域得到应用。

ROSTOM 等利用 Landsat8OLI 热红外影像和 Terra SAR-X 雷达影像数据监测水质参数（水体电导率、盐度和温度等），并成功应用于巴格达市（伊拉克首都）的蒂格里斯河。GONG 等采用光谱测量技术和常规水质采样分析实验，对黄浦江全河段水体 31 个典型站位的 9 个水质指标（总氮、总磷、生化需氧量、溶解氧、悬浮物浓度、浊度等）进行监测，并提出常规水质参数与水体光谱反射率之间的关系模型，为后续利用遥感技术监测水环境提供了基础。然而，目前环境原位监测技术仍然存在设备昂贵、操作复杂、监测指标不全、数据缺失等问题。

因此，针对农村区域水环境的问题（总氮、总磷、化学需要量、电导率、溶解氧、pH 等），需研发便携式、多参数在线监测设备，建立区域污染相关参数的动态采集和稳定数据传输体系，为推动农村人居环境整治提供技术支持。

2. 推进低成本、维护简单的处理技术的应用及示范

农村人居环境整治设施的建设除了要考虑达到国家排放标准以外，还需要考虑能耗费用低、运行易于管理维护。虽然我国在污水处理、垃圾处理和农业面源污染防治等领域有很多成熟技术，但是在农村人居环境整治中需要统筹考虑生态化、节能化等多项因素，仍然需要推进低成本、维护简单的处理技术的开发、应用及示范。

以农村污水处理为例，我国农村污水处理技术除了满足处理效果要求外，还需要考虑工艺简单、便于维护、运行成本低且运行稳定等因素。目前，为实现上述目标，国内学者对农村污水处理技术进行了大量探索和研究，创新开发出多种处理工艺，目前在农村生活污水处理中应用较多的是膜生物反应器、土地渗滤系统、人工湿地、生态滤床技术等。

安吉县是全国首个国家级生态县，在将生活污水通过管网收集后，采用运行成本低、维护简单的复合填料污水系统和土地污水处理系统进行处理，出水水质达到国家标准，且运行十分稳定。浙江省在进行"千村示范，万村整治"过程中，对生活污水进行有效处理，主要采用生态滤床技术、活性污泥法、人工湿地技术等，这些工艺同时具备操作管理简单、抗冲击能力强等特点。农村废弃物处置，尤其是种植和养殖废弃物处置要结合当地的产业特点，在处理废弃物的同时实现资源回收，达到"资源化、减量化、无害化"的目的。

以色列的基布兹哈尔杜夫（一个合作社区）对牛粪的有机质、氮、磷等资源进行再利用，通过堆肥技术将其制成有机肥，避免区域因化肥过量引起的农业面源污染问题，形成了"奶牛—牛粪—作物—奶牛"的闭合生态农业循环模式。

湖北省十堰市郧阳区形成了"有机废物腐殖化—精准测土三级配肥—面源污染大数据监控—耕地质量监控与有机农产品溯源—品牌农产品订单销售"的"固水土共治、环农一体循环发展"模式，大力发展"畜牧—沼气—蔬菜种植""猪—沼—果（菜、粮、桑、林）"等生态循环农业，实现水、土、固多环境要素协同改善。

3.新兴科技补齐农村人居环境的短板

物联网是新一代信息技术，能够实现人与物、人与环境间的信息传递。基于物联网，结合传感器、卫星遥感、视频监控、通量监测、污染物指纹图谱构建与识别等信息技术，构建"智慧农业""数字乡村"等多种模式。智慧农业是应用物联网、大数据、遥感智能监测技术等，满足新时期传统农业技术与数字技术的深度融合，促进区域农业体系的转型，避免传统的高污染、高消耗的传统农业耕作方式，是推动我国农村人居环境整治的有效技术。数字乡村建设是在农村网络设施升级改造基础上，搭建区域一体化的管理体系。其中区域污染监测预警技术平台是数字乡村建设的重要组成部分。

智能污染管理预警平台应包括监测和监控单元、数据处理中心、智能终端系统，能够实时管理设备运行状态，实现对区域环境（如区域空气质量、水环境质量等）的监测和预警，并且能够实时将区域环境质量信息（如空气PM2.5值，饮用水中的化学需氧量、pH、重金属含量等）传递给居民。

## （三）引导村民积极参与宣传与教育

1.重视人居环境整治的宣传与教育

政府部门首先要加强人居环境整治方面的培训，更新最新环保理论；其次，可以通过新媒体、电视、广播等平台向村民宣传环保知识，使其充分认识环境保护的益处和环境污染带来的危害，养成良好的生活习惯，从源头上减少污染产生。宣传法律法规，督促村民良好习惯的养成。

此外，村干部和基层党员要发挥模范带头作用，俯下身子真干、实干、苦干，不能浮于表面，需要赢得群众的认同和支持。可以制定"1+N"党员联系户制度，通过1个党员和N个非党员家庭的联合，管理区域村庄清洁行动，督促不文明、不积极的落后家庭改正，进而充分调动群众参与环境整治的积极性。环境卫生整治工作开展之后，可以通过新媒体、电视、广播等报道志愿者以及主动参与环境治理的辖区居民的事迹，通过熟人的社会道德规范约束辖区居民行为，提升居民的自觉性和参与度。

2. 增强居民参与意识，形成多元化的治理模式

人居环境整治的受益主体是居民，因此需要增强居民参与意识。首先，政府的作用需要由监管转变为教育、培训和引导，参与主体由政府向地区居民转变，实现政府适当引导下居民有组织参与的农村人居环境整治格局，最终形成以村民为主体、政府为主导的多元治理模式。

此外，政府实施农村人居环境质量供给侧改革，采用奖补措施激发当地居民参与环境整治的积极性，以保障人居环境整治工作的顺利进行。例如，可以通过积分奖励、清运设备帮扶购买、垃圾收集补贴、投工投劳等多种机制或方式，调动居民参与的积极性。

### 四、高职院校服务于农村生态环境保护的主要方向

高职院校对农村生态环境保护事业的服务工作，是对农村的技术和知识方面的支持。该项工作的开展具有非常重要的意义，具体工作的开展方法还在探索当中。

#### （一）新时期高职院校服务农村生态环境保护的意义

新时期背景下，高职院校服务农村生态环境保护工作，对高职教育本身、农村生态环境保护和社会主义物质资源保护都具有重要的意义。

第一，对高职教育本身来说，对于《农业生态与环境保护》这门课程，在服务农村生态环保工作中，学生能够将学习的理论知识运用到实际工作当中，从而增加了学生理论联系实际的工作经验。

第二，对农村生态环境保护来说，村民在具体的生态环保工作中处于有心无力的状态，农民的知识结构有限，很难将生态环境保护工作系统科学地开展起来。高职院校可以为村民制订科学的生态环保计划，从而提高农村生态环保的工作质量。从本质上分析，高职院校在农村生态环保工作中提供的主要是科学知识和具体的技术，属于"科技下乡"工作的切实践行。

第三，对社会主义的物质资源保护来说，全面建成小康社会，农村为农业经济建设提供了重要的劳动力资源和自然资源，保护农村生态环境，就是对经济建设的基础资源进行保护。此外，全面深化改革背景下，高职教育领域中的改革主要在于增强技术人才与社会工作接轨，从而提高高职人才培养质量；农村经济建设要实现科学合理规划资源，从而丰富农业产业结构，优化农村自然资源。因此，新时期高职院校服务农村生态环境保护是全面建成小康社会的需要，是对全面深化改革的践行。

#### （二）新时期高职院校服务农村生态环境保护的方法

1. 将教学的《农业生态与环境保护》的实践课程链接到服务农村生态环境保护

高职院校对农村生态环境保护事业的服务者群体主要是学生，该项工作的开展由学校

组织，由学生来执行。高职院校是为社会输出专业技术人才的培养机构，高职学生的职业能力对其日后发展产生重要影响。将高职院校中有关农业生态和环境保护有关的专业课程与农村生态环保事业服务工作有效结合起来，不仅为农村提供了生态环保技术上的支持，还提高了教育教学的质量。《农业生态与环境保护》作为一门专业基础课并未受到足够的重视，但是农业生态和环境保护与各行各业都是息息相关的，不仅要让学生通过学习树立保护生态环境的意识，还要让学生具备如何保护生态环境的能力和技术，这就要求在教学上理论与实践相结合，合理安排好理论教学与实践教学量，以达到学有所用的目的。

高职院校在具体的工作开展中，要兼顾学生的学习需求和服务农村生态环保事业的需要。可以采用理论实践各半的教学量分配方式，这样能很好地完成课程培养目标。理论教学重点讲述农业生态与环境保护的基本理论和基本方法，实践教学则通过实验、实习的方式完成。实验部分重点通过生物化学方法证明污染物对植物和动物的危害，实习部分通过观察、调查、观摩的方式了解开展生态农业的手段、方法。例如，一体生态农业运作模式、生态农庄自净生产系统等。四川农业以水田为主，虾蟹是市场上非常受欢迎的水产，虾蟹的排泄物又是很好的非化学养料，在水田中养殖虾蟹，这样既可以保证水稻的产量，又避免了应用化肥对水环境和土壤环境造成污染。这就是对农村生态环境进行保护的最佳方式之一，从而提高学生运用知识、服务生产的能力。

高职院校要对学生服务农村生态环保工作进行跟踪和指导，从而保证服务农村生态环保事业的工作质量。具体指导的方法可以通过教师调研和学生撰写工作报告以及院校领导莅临学生与农民工作计划拟定会议等方式来实现。教师对当地生态环境保护工作的改观幅度进行评估，对当地农民的意见和建议进行分析，从而了解学生工作的质量和工作进度，同时也能够发现服务工作的技术缺失，从而对学生进行指导，进而有利于农村生态环境保护工作的进行。学生撰写工作报告，可以将工作过程中遇到的生态环保的技术困难和活动资金困难等汇报给老师，从而在老师的帮助下及时解决问题。学校领导莅临各种会议，可以对学生的综合能力进行评估，对农民的需求进行深入了解，从而有利于为农村生态环保工作提供更好的服务。

2. 将高职院校的图书资源链接分享到服务农村生态环境保护

高职院校服务于农村生态环境保护的具体工作中，既要对其生态环保实践工作进行具体的技术上的指导，又要对其生态环保的理念进行普及，同时还要对其提供生态环保课题的研究资料。因此，高职院校要将图书馆中有关农业发展建设和生态环保的图书资源分享给农村。具体做法是在农村建立流动图书馆。高职院校分享图书资源，在农村建立生态环保主题的流动图书馆，具体的操作要进行系统的规划。

第一，将学校的图书资源进行整合分类，提炼出与农村生态环保相关的图书。然后，高职院校和农村就生态环保工作展开研讨，在讨论中了解农民的观念和拟定的具体保护生态环境的方法。接着，将与既定生态环保措施有关的图书整理打包送到农村，这样农民就可以在业余时间从书中寻找解决问题的方法。书籍能够对其实践工作进行指导。

第二，高职院校农林专业要组织服务农村生态环保办公室，办公室要对农村生态环保的工作进程进行记录，对学生的服务工作进行调查，不断平衡学生提供服务与农村生态环保工作所需要服务之间的差异。办公室要制订阶段性的工作计划，在村民生态环保工作遇到"瓶颈"时安排高职院校师生给予理论上和技术上的支持。每阶段性服务工作结束后，要针对村民和高职院校服务队的交流确定新的图书供给种类。

第三，充分利用高职院校的数字图书馆，高职院校服务农村生态环保服务队可以将数字图书馆中的内容复制粘贴到短信或者微信中，随时分享给村民。这样既能够充分利用高校的图书资源，又能够与农村生态环保建设者保持互动和沟通。

3.将园艺旅游的理论实践链接到服务农村生态环境保护

农村生态环境保护的目的有两个，一是保护好农业生产的环境，从而有利于种植业本身的可持续发展；二是为时下生态旅游提供自然资源，丰富农村的非农经济产业。就生态旅游而言，农村的生态环境保护工作要上升到一个层次，即不仅保护环境的质量和生态的平衡，还要做到生态景观的视觉美感和设计艺术。高职院校对此要给予园林设计和生态旅游方面的技术支持和观念普及。具体的工作可以通过园艺培训和生态旅游观念讲座的形式来进行。该项工作的开展，直接作用于农村的生态环保和经济建设，间接提升了农民的精神文化生活层次。

在具体的园艺培训工作中，农业/农村生态环境和景观建设，包括农业环境污染控制、生物多样性保护、乡村景观保护和提升、退化生态系统修复、农林业发展、传统农场的维护和管理、动物福利等。应从加强农业景观生物多样性保护方面，恢复和提升农田生态系统服务功能（土壤质量、保护天敌以及控制害虫、增加作物授粉机会等）。一方面通过增加农业景观多样性和异质性、缓冲带建设、蜜源植物种植、冬季留茬、鸟类越冬场所建设等，提高农业景观生物多样性；另一方面通过农田景观规划设计，提高天敌数量和生态系统的稳定性。在具体的生态环保旅游讲座中，高职院校可以将具体工作下放给旅游专业的学生。为学生提供户外多媒体等教学设备，让学生以生态环保旅游为主题制作各种讲座资料。这样可以充分利用互联网资源，同时也可以通过图像和视频来让农民对生态环保旅游有直观的认识，从而有利于农民在具体的工作中有参考的对象。

4.利用假期开展农村主题的社会实践活动

高职院校可以充分利用寒暑假时间让学生参与到农村生态环境保护的工作当中，这样既为学生提供了必要的活动时间，又为学生提供了独自活动能力的培养机会，有利于学生综合能力的提高。社会实践活动也能够为农村服务工作开辟新的视角。在假期社会实践活动中，可以充分发挥高校大学生智力资源集群优势，通过"研究生社会实践与科技服务团"暑期实践、"暑期三下乡""带科技成果回乡，造福一方群众""万户农户致富"等活动，积极组织学生深入农村尤其是重灾区开展社会实践和志愿服务，把新知识、新品种、新技术传授给农村劳动者。

创新是各个行业建设和发展的主要动力，创新需要集思广益，需要学生充分发挥其主体作用。利用暑假时间，学生可以根据自己感兴趣的农业课题进行研究，将在学校学习的农业技术和环境保护方法应用到家乡建设当中。学校通过对学生社会实践成果的分析，可以间接了解到农业生态环境保护工作中存在的问题，从而有利于调整服务于农村生态环境保护的技术支援方案，最终有利于提高农村生态环境保护工作的质量。

## 第三节　满足农民精神生活的需求

目前，我国大多数农村已进入"求富裕""求美好"的生活状态，对丰富的物质生活与美好的精神生活的追求也在不断增加，农民对社会供给的需求发生了根本性变化。实施乡村振兴战略，就需要为农村提供丰富的精神生活，通过高职教育能够为农民量身定做培养方案，在提升农村职业技能的同时，也能够向农村传递致富信息，进而扩大农民接受继续教育的机会，提高农民的基本素质，促进农村教育公平、公正发展。

### 一、农民幸福感的相关概念

人们根据内化的社会标准来对自身生活的质量进行现实评定被称为幸福感，社会发展状况能否满足人民群众的现实需求，人民群众的物质生活和精神生活能否得到极大的满足，一定程度上是通过幸福感进行评判的。农村居民的幸福感在国民幸福感指数中占有极大的比重。但是"三农"问题长期阻碍了我国社会的进一步发展，农民生活质量没有得到有效改善，农民的幸福感仍然处于较低水平。而且随着农村改革的不断深入，越来越多外来因素影响着农民幸福感的提升。因此，乡村振兴的大背景下，深入研究影响农民幸福感的主要因素，找寻具体解决策略，推行新举措，对推进农村建设具有重要意义。

#### （一）幸福与幸福感

幸福的内涵到底是什么，截至今天，这个概念仍是模糊不清的，尽管，古今中外的众多研究学者，从自身所处的现实经济生活条件出发，根据自身的理解和思考，做出了对幸福的解释和定义，但理论界始终没有一个关于幸福内涵的共识。例如，中国古代的儒家对幸福观的理解是以德行为幸福的根本，幸福主要是人们能够为社会整体的利益而行动，同时，又侧重于为了完善德行而"在陋巷，亦不改其乐"的苦行精神，儒家的幸福思想更注重个人品行的德行逐渐完善。道家对于幸福的解释则为，最好的状态是万物的本然状态，只有顺其自然才能够得到最大的幸福。总的来说，基本上所有的幸福，都离不开这样一个观点，所有的幸福都是最终通过个体的心理体验、情感体验而反映出来的一种感觉，再美好的事情，如果没有个体作为主体主观幸福的心理过程和心理体验，从某种程度上说，幸福这种情感体验都是不存在的。所以，我们可以得出这样的结论，幸福是个体的自我价值能够得以实现的一种喜悦之情。它是一种主观感受，是对现有生活抱着肯定的一种态度，并且希望能长时间保持下去的一种满意的状态。而幸福感则是一种心理体验，它是对人们生活现实状态以及客观条件所进行的一种现实评判，反映了人们对自身生活发展状态的满意程度，成为评判社会发展水平是否能够满足人类生活所需的一种价值评判。

中国特色社会主义的发展始终把马克思主义理论作为指导思想。其中马克思主义的幸福观作为马克思主义理论不可分割的一部分，对于积极引导和提升人民幸福感具有非常重要的意义，因而，准确把握马克思对幸福的相关理论的理解对我国全面建成小康社会也具有极其深刻的理论意义。马克思认为人的本质是一切社会关系的总和，现实中的人总是处在实践活动之中，他不是抽象存在的，也不是一个封闭的个体，所以必须将人置于实践过程中，才能把握人的本质。马克思主义幸福观是根据人在社会化过程中，不断参与现实的实践活动所呈现出的发展状况得出的理论。马克思和恩格斯的实践幸福观充分地体现了幸福是个体的主观性。他们认为幸福不是单方的，应该是主观性和客观性的统一，是物质生活和精神生活的统一。马克思、恩格斯首次从个体的主观和客观两个层面，完整地、系统地阐释了幸福的内涵和获得幸福的唯一途径——实践。马克思、恩格斯关于幸福的众多观点，都充分地表明了生产物质生活本身是个体和社会获得幸福的前提。但马克思、恩格斯理论的最终目标是实现人的自由全面发展。所以，必须实现物质的满足，同时也要注重提高和满足个体的精神世界。马克思、恩格斯关于实践幸福观的相关理论，始终是以人的主体性为基础，通过充分发挥个体的主观能动性来满足人的幸福需求，为全人类追求幸福提供了正确的指引。

### （二）农民幸福感

幸福感主要是指人们对于自身的需求得到了满足后所产生的一种喜悦和快乐的情绪，它反映了人类对自身当前的生产生活状态是否满意，同时也是评判社会发展状况是否能够满足人类所需的一种主观判断。

随着工业化进程的不断加深，人类幸福感问题成为人类关注的焦点。中国自古就是一个农业大国，农民占我国人口的大多数，提升农民的幸福感就成为当前中国面临的重点课题。为此，党的十九大提出了实施乡村振兴战略，将提升农民幸福感作为现实目标，加快推动农业现代化进程，构建文明和谐美丽的乡村，是要改善农民目前的生活，提高农民的幸福感和获得感。

研究乡村农民的幸福感不能够仅局限于研究物质生活条件，还必须高度关注他们的精神生活和其他生活状况的条件，注重农村居民的精神及心理的满意度，并对其幸福感进行合理的衡量。人民对于美好的生活所追求的必要的生活条件的满足，以及个体对美好生活的情感和心理的真实体验，是人民根据一定的社会标准对自己现实生活的肯定和评价。所谓的幸福感，主要是人们根据自身心理制订的一些标准对自身现有生活质量整体的评价和评定。从目前对于幸福感的定义可以看出，农民的幸福感主要包括农民个体对自身生活质量的评定和自身心理体验两部分组成的整体评价，农民的生活质量是指农民对自己所生活的环境和质量做出的总体评价，也就是农民对个人生活做出的总体的、相对科学的评价。农民心理体验是指农民个体在现实生活当中所反映出的各种情绪的综合评价，包括农民个体愉快、轻松、抑郁、焦虑、紧张情绪等。农民幸福感主要是反映农民这一特殊群体，在当前社会发展过程中所处于的现实发展状况的一个指标体系，也就是说，农民对其生活环境、生活质量的一个主观反馈，当地的社会政治经济发展状况能否满足其自身生活所需，以及能否达到农民的内心期盼，自身的价值能否得到实现。

农民幸福感是农民对客观世界的一种主观评价，主要是对生活环境、收入水平、社会保障、医疗服务、文化娱乐等多方面的综合感受后做出反应，而这一切与政府对农村以及农民的相关政策也有很大关系。政策的作用主要体现为一种导向作用，例如经济政策中提出支持"三农"发展后，会引导更多资源、资本与人才流向"三农"相关领域，从而带动其发展。随着农村社会不断深化改革，影响农民幸福感提升的因素也在不断变化，为了有效地解决这一系列问题，我国实施乡村振兴战略，相关的配套政策与设施会进一步涌向农村，通过改善农村的物质条件，提升人民的生活质量，进而提高农民的幸福感。

### （三）农民幸福感的指标体系

人民群众自身生产生活所需是否能够得到满足，以及满意的程度都需要以幸福指数为依据，幸福指数是衡量国民生活质量以及幸福程度的重要指标。研究农民幸福感的指标体系，需要了解目前状况下农民的幸福感是否明显，政治、经济、生态环境、社会福利保障等因素对农民幸福感有多大程度的影响。所以本文借鉴前人研究成果，从5大指标因素界定了农民幸福指数，分别为产业兴旺、生态宜居、乡风文明、治理有效、生活富裕。将这5个方面视为一级指标，明确主要影响农民幸福感的主要因素，然后为了能够更加清晰地了解影响农民幸福感的细节之处，就需要对主要因素进行细致的划分，并视为二级指标。产业兴旺包括：收入保障、幸福根本，生态宜居包括：生活环境、生活便利；乡风文明包括：健康生活、精神生活；治理有效包括：政治环境、社会环境；生活富裕包括：幸福信心、生活满意。具体情况见表2-1。

表2-1 生活富裕的要素

| 一级指标 | 二级指标 |
| --- | --- |
| 产业兴旺 | 收入保障、幸福根本 |
| 生态宜居 | 生活环境、生活便利 |
| 乡风文明 | 健康生活、精神生活 |
| 治理有效 | 政治环境、社会环境 |
| 生活富裕 | 幸福信心、生活满意 |

通过对上述5大指标因素的分析和研究，我们可以从中找到影响农民幸福的主要因素，这不仅为建设美丽乡村提供科学的依据，也有助于社会大众更好地了解农民，关注"三农"问题。当前我国十分注重人的全面发展，然而人的发展不仅受主观意识的影响，同时客观条件也严重影响人的发展方向及发展程度。由于农民身处的社会条件不断发生转变，农民对社会的发展认识程度也在不断加深，自身对幸福感的评定标准也在不断发生变化。因此我们全方位、多领域地探索和研究影响农民幸福感的因素有哪些，才能够找到正确的解决策略，对症下药，有效地提高农民的幸福感。

## 二、乡村振兴战略背景下农村居民的精神生活的不利因素

随着农村社会的不断进步与发展，人们的物质生活水平得到了有效的改善，农村居民的生活发生了翻天覆地的变化，人们不再担心温饱问题，物质生活需要逐渐得到满足。随着社会主要矛盾的转变，我们可以清楚地认识到，当前人们对未来生活的追求已经从物质层面上升到精神层面，农村居民的精神层面的需求成为当前农村改革过程中重点关注的问题。为了能够充实农民的精神世界，要努力改善农民的文化生活，丰富其文化生活，但是目前我国农民的文化生活还是较为单调。

### （一）农民文化娱乐内容与形式单一

随着农村社会的不断发展进步，农民各方面的需求也在不断增加，现阶段的文化娱乐活动已经无法满足农民的日常所需。农村地区相对于城市地区发展进程缓慢，农村地区缺少文化娱乐场所，文化娱乐设施相对匮乏，人们的生活娱乐方式相对单调，活动方式较为单一，在农忙之余农村居民更多的是选择打麻将来娱乐，长期以来可能会造成赌博之风盛行，同时由于农村的教育水平相对落后，村里的小孩子们缺少丰富的课余活动，更多的时间只能待在家里看电视、玩手机，迷失在网络世界之中，即便村委会组织大家参加文化娱乐活动，农民的参与性也不高，最后只会出现文娱活动与农民生活相互分离的局面。

近几年，我国开始关注农村改革问题，农民的精神需求成为农村建设关注的焦点，我国逐渐完善乡村的文化设施建设，但是由于各地区对这一问题落实情况参差不齐，有些地区注重文化娱乐设施建设，但是有些农村地区仍然不重视农民的精神需求，对各项政策落实不到位，造成农村的文娱设施仍不健全。农村始终更注重经济建设，忽视了文化建设，这就会造成农村社会发展出现不平衡等现象，文化生活远远落后于社会经济发展的现实所需。农村不仅是基础社会不健全这一问题制约着农村文化建设，农村从事文化工作的人员也相对较少，文娱活动的策划也缺少新意，也制约着农村文化建设。

### （二）农民的精神生活匮乏

1. 农村的文娱设施相对匮乏

农民所能想到的娱乐活动方式较为单一化，可供人们选择的娱乐活动场所更是少之又少，农民在经历繁重的农耕工作后想要排解内心的烦闷，所能选择的文娱活动一般都是打麻将、邻里之间闲聊、看电视等，长期的内心压力无法得到正确的排解，会导致乡村出现聚众赌博等问题，农民的生活环境会遭到严重的破坏。同时农村社会也会在这种不良的氛围中，逐渐产生负能量，造成农村社会出现许多不安因素。

2. 农民收入低

农民的收入仅供生活所需，在物质需求没有得到极大满足时，农民不可能将精力和财力放在学习文化知识上，现有的收入只能供其日常生活，无法过多地追求精神层面的需求。农村居民的关注点更多地集中在物质生活上，他们的收入只能满足日常所需，没有更多的财力支撑其精神层面的消费，这就逐渐造成农民的精神世界越发匮乏。

## （三）教育服务水平低

党中央和地方政府加大对农村义务教育的扶持力度，一定程度上减免了乡村教育费用支出，但是由于农村学校面临经费短缺这一问题，导致农村地区的学校各方面建设都存在不足。

1. 学校的硬件设施无法满足学生基础的教学需求

教学设施相对匮乏，所需的多媒体软件设备更是少之又少，缺乏一定的现代化教学效果，学生接触多媒体和网络的机会也十分有限，一定程度上限制了学生的学习视野，而且农村地区的学校大多都没有图书馆，学生的课余学习活动相对匮乏，这不利于学生开阔视野，打击了学生的学习积极性和创造性，阻碍了学生的进一步发展。

2. 农村地区学校的师资力量相对薄弱

教育经费的短缺，严重阻碍了教师人才的流入。学生在学习过程中没有教师的引导，会出现各种不良现象，学生对书本知识无法深入学习，只能了解到浅显的知识，这严重地阻碍了学生对外界探索的脚步。而且这对农村地区的学校建设产生十分不利的影响，制约着农村学校建设的进一步发展。

目前乡村还存在着教师总体文化水平较低的状况，导致乡村的学生无法享受到和城市孩子一样的教育；音乐、体育、美术科目缺乏相应的专业教师，班主任可以一人兼多职，可以为其他科目代课。当前乡村教师的身份认同感较低，缺乏乡土情怀，无法真正地与当地村民融为一体，乡土情怀的缺乏使教师无法真正参与到乡村振兴的事业中，导致农村教育服务水平较低。

## 三、乡村振兴战略下高职院校服务高素质农民培育

高素质农民是促进新时代乡村振兴战略实施的生力军。高职院校作为高等职业教育的重要力量，应肩负起相应的社会责任，通过建立精准识别机制，充分挖掘潜在的培育对象，创新培育工作模式，加快形成社会协同创新的培训体系，加强后续认定管理和相关政策扶持力度，推动培育工作高质量发展，从而实现提升高素质农民培育科学化水平的培育目标，更好地服务乡村振兴战略。

### （一）高素质农民的内涵、特征与功能

职业理念新、职业素质高、职业情怀深、经营范围广、带动能力强的高素质农民具备乡村振兴对人才的场域、经营和素质等方面的需求，能够在乡村振兴中扮演产业振兴的先行者、文化振兴的传承者、生态振兴的维护者、组织振兴的参与者角色。

1. 高素质农民的内涵

随着乡村振兴战略的实施，高素质农民作为新型职业农民的升级版，是再造于乡村内部的群体，是乡村社会经济发展中最有力的主体，是乡村社会中那些经过一定时期的农业创业和经营，已经具有了一定经营规模和资金积累、具有较好的资源禀赋和职业素养的中青年新型职业农民。

在日益分化的农村，在乡村振兴过程中要实现农民的个体性参与到群体性参与，必须有一个在普通农民之间有一定引导力的、能够在推进乡村振兴中维护全体农民公共利益的有效的中介，而高素质农民就可以成为这个中介，因此，高素质农民应该具备以下三个基本条件：

（1）场域要求：高素质农民必须是再造于乡村内部的群体

高素质农民主要包括农村的专业大户、家庭农场、农民专业合作社等新型农业经营主体领办人、农二代规模经营者、中青年返乡创业农民工等。因为外源性主体虽然能够在一定程度上为乡村发展提供资源要素，实现乡村与市场的有效对接，但是他们无法做到真正嵌入乡村，考虑乡村社会的可持续发展，他们的主要目的是争取更多的国家项目资源，可以说他们的进入改变了乡村治理的"生态系统"，为乡村治理增添了新的博弈主体，这在一定程度上会造成对"小农"机会的排斥和挤压，致使被流转土地的农民无法获得稳定的收益保障。

因此，高素质农民应该是与普通农民有着紧密的利益联结机制的主体，他们的存在能够维持乡村经济内部体系的平衡和乡村的可持续发展，基于乡村熟人社会和特殊的社会网络关系，作为乡村内生秩序担纲者的高素质农民不能是乡村发展过程中的"过客"，而必须是在与广大农民互动过程中积累丰富的社会资本，在实现乡村的嵌入性治理过程中产生内生性权威的群体，他们抑或拥有"持续在场"的优势，抑或通过"精英回流"为乡村发展整合了内外资源。

（2）经营要求：高素质农民必须是适度规模经营者

作为理性经济人，只有当农业经营收入不低于外出务工收入时，农民才有可能留在乡村。不论是长期坚守农村的农业从业人员还是返乡、下乡进行涉农创业的群体，只有当他们的农业经营收入超过当地平均工资性收入水平时，他们才愿意持续在农业领域生产经营。碎片化的小农家庭生产经营模式，老人妇女的劳动供给加上季节性的雇佣劳动足以应付，正是由于我国长期分散的小农家庭经营模式无法承托有效劳动的单位投入而使家庭青壮年劳动力得以释放，家庭的代际分工和"候鸟型兼业农民"成为小农家庭人力资源的理性选择。

因此，高素质农民应该具有一定的经营规模，他们的经营规模与投入不需要有工商资本下乡创办的农业企业那么大，但是他们的规模经营和投入可以集聚乡村生产要素。他们通过领办家庭农场、农民专业合作社、农业企业等新型农业经营主体，组织、联结小农户及多元经营主体，在农村发展特色产业进行适度规模经营，与市场资源对接，不仅能够降低自己农业生产经营的直接和间接成本，而且他们的规模经营在保障农民获得土地流转收入的同时还能吸纳农村剩余劳动力就业，这种雇用与反雇用的新型雇用关系提高了被流转土地农民的农业经营收入，提升了高素质农民土地流转的稳定性，形成了高素质农民与普通农户的双赢格局。

（3）素质要求：高素质农民必须是中青年新型职业农民

虽然随着机械化在农业领域的普及，老人农业也不是完全没有希望，但是伴随着城乡社会转型的加深和现代农业的发展，乡村社会被嵌入高度竞争的市场体系中，为了防止乡村的塌陷和边缘化，就必须以专业化、标准化的新型农业经营主体为主的现代农业取代传统的以农户家庭经营为主要模式的传统农业，这需要一批能够联结多元经营主体利益、对接国家政策资源、高度嵌入乡村利益和乡村社会关系、对乡村发展和乡村治理有主体自觉和归属认同的高素质农民队伍来组织小农，发展具有更强的经营性和扩张性的农业经济实现乡村振兴，这不是老人农业能够胜任的。

另外，与老人农业相比，作为未来农业脊梁的青年农民整体文化素质更高，容易接受新事物，他们对市场信息的反应更为敏捷，他们采用新装备、新技术和新模式的积极性更高，更能应对技术含量高、专业知识强的现代农业。

2.高素质农民的特征

随着新型城镇化的快速发展和新常态下的现代农业发展产生的"胡萝卜"效应的双重影响，乡村社会结构已经发生了重大变化，唯有具备一定人力资本和社会资本的高素质农民才能成为乡村振兴的主体，笔者认为，高素质农民应该具备新、高、深、广、强五个方面的基本特征。

（1）职业理念"新"

在农业现代化建设中，要将传统的"靠天农业"转向现代化的"信息农业"，首先需要实现从事农业生产经营活动的主体——农民的思维改变，农民的思路决定农业农村的出路，农民的格局决定农业农村现代化的结局。因此，高素质农民应该是具有创新理念的农民群体，他们善于运用科学技术和信息技术武装自己，改变传统的靠天吃饭和小农经营现状。

高素质农民思想观念的"新"主要表现在以下两个方面：

一是思想开放。高素质农民具有鲜明的时代特征，他们不再是计划经济时代的"生存型农民"，而是市场经济体制下的"发展型农民"，他们具有较强的市场意识，思想开放，眼界开阔，他们愿意尝试新事物，不安于现状，能够利用现代化的市场信息和生产要素开展农业生产经营，根据市场需求创建品牌，具有强烈的市场意识。

二是敢于创新。高素质农民敢于创新，他们是新型农业经营主体的实践者、新产业和新业态的先行者、新技术和新装备的承接者。他们不仅掌握扎实的专业知识、精湛的专业技能，他们还具有较强的学习能力，能够通过各种方法和渠道学习农业生产经营所学的新知识和新技能，满足规模化、专业化和标准化的现代农业生产经营要求，他们通过不断提升自己的经营管理能力、市场能力、决策能力、创新能力等职业能力，追求利益的最大化。

（2）职业素养"高"

在农业现代化进程中，需要依靠市场敏感度高、能够及时根据掌握的市场信息调整农业生产经营结构、能参与市场议价的高素质农民来融合和应用各类资源转化农业生产和经营方式。

高素质农民的职业素养之"高"主要表现在：

一是较高的文化素质。虽然不能仅仅以文化素质为标准来界定高素质农民，但是高素质农民一般都必须具有较高的文化素质，已有相关研究表明，在农业现代化发展时期，增加农民的受教育年限可以多方位提升农民素质，使其更好地适应农业的市场竞争和转型升级。

二是丰富的生产经营经验。知识可分为以现代理性主义认识论为基础的、推崇理性、秩序和规则的"逻各斯"与注重实用、强调经验的"米提斯"两类。根据"素质冰山模型"可知，浮于水面的、容易被测量和观察的知识和技能（比如学历）仅仅是对于从业人员的基础素质要求，而潜藏于水下的、不易被观察和测量的部分（比如经验）才是区分出表现平平者与表现优异者的鉴别性素质。高素质农民多是农业产业和行业里的"行家里手"，他们都具有丰富的、不易言传的农业生产经营和管理等方面的经验，即具有丰富的、不易被测量的农业生产经营的"米提斯"知识，这是现代农业生产经营所需的重要人力资本。

三是较高的职业道德。高素质农民在行业内具有一定的声望和知名度，能够联结多元经营主体和小农户开展绿色有机农产品的生产和经营，为国民提供安全放心的农产品，同时也注意节能减排和农业生产环境的保护，始终践行"绿水青山就是金山银山"的农业可持续发展理念。

（3）职业情怀"深"

贺雪峰、赵月枝等研究表明，由于"工商资本"下乡的主体性目标与乡村振兴目标的脱节导致"资本文化"与"乡土文化"的社会断层性冲突，表现出"资本"对农村经济的"掠夺"和社会秩序的破坏。随着青壮年农村劳动力的外流，农村和农民的原子化又使农民之间的合作不足，这就需要一批用得上、留得住、有能力的高素质农民对接小农户和各种资源要素，实现乡村振兴。

因此，高素质农民应该对"三农"有着深厚的职业情怀，主要表现在：

一是强烈的主体意识。高素质农民具有较强的社会责任意识，能够主动担当乡村振兴的主人翁责任，不忘初心，坚守"将饭碗牢牢端在自己手里"的信念，积极参加各类农业培训学习，不断提高自身的素养，带领农民群众发展高效有机农业，承载"种好地"、保护生态环境和保障国家粮食安全等光荣使命。

二是强烈的职业认同感。与传统农民和兼业农民不同，高素质农民将从事现代农业生产经营当作毕生的职业和理想追求，他们全职从事标准化、规模化、专业化的农业生产经营，具有较强的职业认同感和自豪感，他们也希望自己的子女能够继承自己创办的家庭农场、农民专业合作社、农业企业等新型农业经营主体继续从农，认为高素质农民是一种体面的、具有挑战性和发展前景的职业。

三是浓厚的乡土情结。高素质农民由于长期根植于农村从事规模化的农业生产经营活动，与小农户和村干部有着经常性的互动与交流，在农村构建了良好的社会关系网络，因此他们对农村、农业和农民有着内生性的认同感。

（4）经营范围"广"

我国经济发展已经步入了新常态，这就需要通过深化改革和创新体制机制调整经济增速，转变经济发展方式。我国农业发展方式正在从以增加农资投入、牺牲生态环境、加大资源消耗为主的粗放式经营发展转向提高劳动者素质、提高质量和效益的集约式经营方式。农业生产经营方式也在向主体多元、领域宽广、科技含量高的方向转变。因此，高素质农民有更为广泛的生产经营范围，具体表现在：

一是职业边界模糊。现代农业是第一、二、三产业高度融合的产业体系，这就要求现代农业从业者不再有明确的职业边界，不能仅仅满足于单纯从事农业生产活动，而要将自身的职业范围延伸到"三产融合"，生产经营范围覆盖第一、二、三产业，成为乡村新产业新业态的代表，引领广大农民群众拓宽生产经营范围，有效促进乡村产业的兴旺。

二是职业知识广博。与传统农民相比，高素质农民除了农业生产活动，还有农产品的加工、经营、销售等活动，这就需要高素质农民能够及时搜集市场信息，注重与市场的对接，所以高素质农民需要同时拥有农村与城市两套知识体系。

三是社会关系宽广。相对于传统的小规模、兼业化、碎片化农业生产，现代农业需要利用资本、技术等进行规模化、专业化、标准化生产经营，这就表明高素质农民除了需要传统的体力劳动以外，还要掌握更为复杂的农场运营、管理方法、市场信息等跨领域的知识和信息，这就使得高素质农民在不断的学习中认识了各个领域的专家、学者和同行，积累了丰富的社会资本。

（5）带动能力"强"

乡村振兴中涌现的农村实用人才带头人、新型农业经营主体带头人、农业职业经理人等高素质农民在思维、观念、眼界、能力等各方面都要高于普通农民，他们是引领农业创新和农民致富的"领头羊"，他们可以通过发挥自身的示范带动作用，为农业农村的发展带来高附加值和倍增效应，带动广大农民群众共同发展。

高素质农民劳动能力的发挥主要表现在以下几个方面：

一是带动小农户与现代农业的有机衔接。目前，有很大部分高素质农民通过为周边农户提供农业信息服务、提供农业技术指导、统一购买农资、销售农产品等方式，促进了小农户与现代农业的有机衔接，对周边农户起到了辐射带动作用。

二是提高农民职业的社会认可度。高素质农民通过担任政协委员、人大代表、村镇干部等职务，逐步提高自身的社会影响力，改变社会对传统农民的认知，赋予农民这一职业新的内涵。

三是高素质农民在抢抓政策机遇、整合市场信息、建设新型农业经营主体等方面能够发挥示范带头作用。现代农业是集生产、经营管理和销售于一体，需要通过科学的管理才能获得较高的生产效率与经济收益的产业，高素质农民能够根据区域资源禀赋条件和人文环境特征，运用现代科学技术和经营管理知识探索独具特色的农业经营模式，引领区域特色产业的发展。

四是高度的社会责任感。高素质农民应该是有能力、有担当的农民，他们能够承担更多的社会责任。他们是国家政策性资源的对接者、多元经营主体的利益联结者，他们具有更加显著的经济外部性，他们能够带领农民走出一条依靠技能就业、增收和成才的发展道路。

3. 高素质农民在乡村振兴中的作用

乡村振兴的关键在人才，高素质农民是乡村人才的重要组成部分，农业农村的发展离不开高素质农民的支撑，高素质农民在乡村振兴中的作用主要表现在引领产业、传承文化、维护生态、联结组织等方面。高素质农民在农业农村改造中，充分利用自身的社会资本、人力资本和内生性权威对接政府和市场资源，将原子化的小农组织起来，带领他们建设新农村、发展现代农业，通过专业化、规模化生产提高农业生产经营收入，实现乡村振兴。

（1）高素质农民是乡村产业振兴的先行者

"产业兴旺"是在我国突破农业资源环境制约和实现农业供给侧结构性改革、农业现代化发展和应对农村经济新矛盾背景下提出的乡村振兴根本之策，是增加农民收入、解决农村剩余劳动力就业、促进城乡要素融合，增强农村"造血"功能的重要途径。

乡村新产业、新业态的发展离不开一支数量足、质量高、结构优的高素质农民人才队伍支撑，然而，随着城镇化的快速发展，农村大量优质劳动力外流，农村高素质人才短缺已然成为乡村产业振兴的短板。

因此，亟须培育一批高素质农民立足区域资源禀赋和区位优势、整合市场资源、对接政府政策性资源、联结多元经营主体，调整传统的产业结构，发展集聚现代化的新产业和新业态，增强乡村的市场价值活力，促进乡村经济繁荣，从而实现从乡村资源优势向乡村经济优势的转变。

（2）高素质农民是乡村文化振兴的传承者

文化作为一种精神力量对社会的有效治理具有不可替代的作用。乡村文化作为乡村秩序的潜在基石，呈现了农民特有的人际交往模式，也为农民在乡村生活中的思维逻辑与行为选择提供了依据。费孝通先生认为乡土社会秩序的维护，在很多方面与现代社会秩序的维护是不同的，乡村社会是一个"无法"的"礼治"社会，因为它不是依靠有形的权力机构，而是依靠无形的文化传统来维持社会秩序的。

然而，在市场经济的冲击下，农民开启了"离土离乡"的务工生活，农民在乡村社会生活中的"不到场"现象导致内生于乡村社会生活的文化生态日渐衰微，失去了内在均衡与自我调节的动力机制，难以保持以往自我维持与自我发展的封闭状态。因此，文化振兴是乡村振兴无法绕过的一环，而作为乡村主体的高素质农民在乡村社会的长期发展中塑造了乡村文化与乡村秩序，无疑是乡村文化的传承者与守护者。

（3）高素质农民是乡村生态振兴的维护者

经济的快速发展在一定程度上超出环境、资源和生态的承载能力，这就需要加快农业发展方式的转变，改善人与自然的关系，这离不开作为乡村环境主要受益者农民主体的支持，需要充分调动高素质农民在农业生产生活中科学利用乡村生态资源，践行生态理念，积极主动维护乡村生态环境，实现全体农民"生态人"身份的转变。

（4）高素质农民是乡村组织振兴的参与者

我国乡村振兴的实践中之所以出现一旦停止对乡村政策、资金、技术等的外部输入，乡村发展立即停止甚至打回原形的问题，是因为乡村作为一个系统，其振兴的"瓶颈"就在于组织要素的瓦解与匮乏。

高素质农民一方面凭借自己的经济资本、人力资本和社会资本，积极采用农业生产的新机械和新技术、引进新产品和新模式，面向市场搜集信息，采取规模化、专业化、标准化的生产经营方式，打破了小农经济的范畴。他们在生产经营过程中经常需要发挥他们的内生性权威，利用熟人社会和关系网络把分散的农民组织起来，成立专门的合作组织或者雇用农民生产经营，有效克服传统农业生产中农民生产技术落后、信息闭塞、农业收入低等问题。另一方面高素质农民是农村基层干部的主要来源，对周边农户起到了带动辐射作用。

由此可见，高素质农民是联结农户与新型农业经营主体之间的纽带，通过高素质农民的有效衔接，可以将分散的农民组织起来，有助于乡村振兴的实现。

**（二）高职院校服务高素质农民培育的重要性**

乡村振兴的关键是人才振兴。目前，我国农村普遍存在着农民科学文化素质水平偏低、人才流失加速、老龄化严重等问题，造成农村人才匮乏。因此，培育高素质农民是解决当前农村人才短缺的重要举措之一。高素质农民有利于促进农业产业振兴、农村生态环境保护、乡村文化传承发展、乡村有效治理，带动农民脱贫致富。走具有中国社会主义特色的乡村振兴之路，需要充分发挥高素质农民的生力军作用。

1. 加快农业发展方式转变，助力农村产业振兴

高素质农民具备农业特色发展、品牌建设、农产品质量安全、农村电商和新媒体营销等方面的专业知识与技能，是农村产业新业态的引领者、先行者和实践者。他们更加注重农业发展的质量和效益，善于将先进的农业科技、生产经营模式和现代化的经营管理理念，引入农业产业发展一线，助力农业生产经营和发展模式的创新、农业供给侧结构性改革、农村第一、二、三产业的融合发展，从而促进农业产业的振兴。

2. 促进农村生态环境改善，助力美丽乡村建设

保护好农村原生态的自然环境是新时代乡村振兴的题中之义。高素质农民往往具有较高的生态素养，他们重视农村生态环境保护，遵循"绿水青山就是金山银山"的发展理念，倡导绿色、低碳、循环的农业生产模式。这些先进的理念有助于带动和引领农民走绿色发展之路，促进农村环境治理，加快农村生态环境改善，推动美丽乡村建设。

### 3. 推动农村文化传承发展，助力乡村文化振兴

乡村振兴既要塑形，也要铸魂。高素质农民是传承与发展乡村优秀传统文化的主体。他们注重对农村古居、传统手工艺品等文物遗迹的保护和传承，善于对优秀传统文化资源所记载的哲学思想、人文精神和传统美德进行创造性转化、创新性发展。这对形成积极、健康、向上的家风、民风和乡风，实现农村文化传承与发展具有积极的意义，为乡村振兴注入了精气神，助力乡村文化的不断振兴。

### 4. 提升村民整体文明素质，助力乡村有效治理

高素质农民对农村、农业、农民有深厚的感情，且具有较强的社会责任意识和法治观念。他们积极参与农村事务，能够引导当地村民有序地进行乡村管理；他们善于从农民的利益视角考虑大局发展，具有一定的威望，对调解村民纠纷、凝聚人心起到积极作用；他们积极响应国家号召，在落实国家政策、开展乡村公益事业、树立文明乡风等方面发挥着重要的示范及引领作用，对提升村民整体文明素质、助力乡村有效治理具有重要意义。

## 第四节　以治理有效来促进农村管理民主

现代农村和谐社会的构建，要尊重乡村发展的规律与实际生产的需要，尊重乡村的传统文明与文化，促进农村社会民主、和谐发展，需要多种社会主体共同参与到乡村治理，将精准和有效作为农村治理的首要目标与任务，为农村社会的发展构建一个和谐的社会文化氛围。在乡村振兴战略的要求下，高职教育不仅要为农村提供专业技能的教育，还需要为农民提供法律知识、文化知识的教育，帮助农民理解社会治理的内涵，积极参与到和谐农村的建设中。

### 一、乡村振兴战略与社会治理创新的逻辑关联

实施乡村振兴战略，推进乡村全面振兴，就是要统筹谋划和协调推进乡村产业、人才、文化、生态、组织"五个振兴"，这是一个具有系统性、社会性和协同性的重大工程。而以加强社会治理创新为目标指向的"治理有效"是贯穿乡村振兴全过程、各方面和多领域的红线，发挥着重要的支撑、保障和助推作用。一方面，社会治理创新，有助于解决乡村振兴战略实施中的诸多现实矛盾、问题和困难，有助于克服实践进程中的体制性、机制性、固有性的障碍、阻隔和制约；另一方面，乡村振兴战略的实施，为加强和推进社会治理创新提供了重要契机和现实依托，是社会治理创新的检验场和动力源。实践表明，社会治理创新不是一朝一夕之功，也不是一地一隅之事，其涵盖的范围广、领域宽、内容多，必须针对性完善、系统性提升、联动性兼顾，只有这样，才能落到实处、见到实效。

就乡村振兴战略背景下深化基层社会治理创新而言，必须深刻认识到乡村社会治理的自身特点、自身特色和自身特征，不断增强基层乡村社会治理创新的针对性、适配性和实效性，为推动乡村全面振兴提供有力支撑和治理保障。

### （一）乡村振兴为社会治理创新提供了实践场域

推进社会治理创新，基层乡村是重要场域和重要方向，是全社会治理的现实基础，也是推进实施乡村振兴战略的有效保障。没有基层乡村社会治理能力的现代化，就不会有国家社会治理体系的现代化，也不会有农业农村的现代化，乡村全面振兴也就无法实现。较之城市治理，乡村治理的实践场域范围非常广，涉及农村社会生产生活的方方面面，更多体现在细致入微的小事、琐事、苦差事，更多体现在生产生活基本公共服务的保障领域，更多体现在乡村振兴战略的具体落实环节。这种实践场域特点，要求社会治理创新必须信息感知精准度高、信息反馈精准度高、信息交互精准度高、信息处置精准度高，对社会治理的人力、物力、财力、精力的投入精准度需求更加具体而细微、面广而点深。

因此，必须健全完善乡村社会治理体系，有效动员基层农村群众参与社会治理的积极性、主动性和创造性，在横向组织能力的整合、塑造和提升上花大功夫、下大力气，做好小事情。

### （二）"治理有效"为社会治理创新提供了目标方向

与一般城市中相对健全完善的治理途径不同，乡村社会治理由多元社会治理主体构成，且在很大程度上直接融入日常生活各方面，既有权利利益的诉求，也有社会关系的协调，还有乡约民俗的约束。要真正实现"治理有效"，需要统筹好、兼顾好、协调好乡村治理各主体之间的资源和组织优势，让基层党组织"唱主角"发挥绝对权威领导主体作用，构建自治、法治和德治"三治"融合治理体系。在自治范畴内，如何具体落实全过程人民民主，如何让基层乡村群众真正参与社会治理，对治理途径提出了新要求；在法治规则内，社会治理创新如何在保障法律规定的权威性基础上体现"高度""温度""力度"，对治理途径提出了新挑战；在德治领域内，社会治理创新如何传承弘扬传统乡约民俗的"软"塑造力和影响力，彰显道德伦理观念的时代价值和现实作用，对治理途径提出了新期待。

如果不能准确把握乡村社会治理途径的多样多变，离开了乡村社会治理现实环境的有效支撑，乡村社会治理很难落地生根、走入"寻常百姓家"。

### （三）社会治理创新为乡村振兴提供了保障支撑

只有深入推进社会治理创新，才能实现乡村振兴战略的"治理有效"目标，进而为实现乡村全面振兴提供治理保障。作为引导重要指向的社会治理创新是一项复合性系统工程，既要有相应的物质条件保障，也要有精神智力支撑，是软硬件必须同时兼备、同向强化、同频共振的综合治理，其治理方式、理念、手段、模式等具有相应的伦理精神和价值追求。如果只注重社会治理的某个方面，就会出现"木桶原理"的短板效应，难以为实现乡村全面振兴提供保障支撑。著名教育家陶行知指出："到处是生活，即到处是教育；整个社会是生活的场所，亦即教育之场所。"

乡村社会治理创新，要求能够科学准确判断基层乡村治理的重点、难点、热点，及时回应基层农村群众的所思、所想、所盼，有效应对乡村社会治理实践出现的新形势、新情况、新问题，并通过拓展完善社会治理方式，最大限度覆盖乡村社会治理领域，为营造积极健康、广泛持久的乡村社会治理环境、推进乡村全面振兴提供群众基础和思想共识。

## 二、乡村振兴战略视角下乡村社会治理面临的新挑战

现实表明，社会治理的创新和完善既是一个持续性过程，也是一个动态性进程，不可能一蹴而就、一劳永逸。特别是随着乡村振兴战略的深入推进，乡村社会治理同样需要不断适应新形势、新变化、新要求，在构建信息化、智能化、常态化、社会化的社会治理机制上不断发力、持续用力、不遗余力。因此，加强乡村振兴背景下社会治理创新，要着重应对好以下三个方面的不足和挑战。

### （一）乡村社会治理的运行管理体制机制不够健全

综合推进乡村振兴战略涉及社会治理特别是乡村社会治理的治理主体、治理对象、治理方法、治理路径、治理措施等一系列运行管理体制机制因素，其规范化、程序化、协同化的内在要求与客观工作现状存在一定脱节。比如，一些乡村的治理主体力量与治理主导力量相互不协调，基层群众参与社会治理的积极性、主动性和能动性相对不足，没能形成社会治理创新的整体合力，造成工作被动、疲于应付、流于形式等问题。

### （二）乡村社会整体治理能力与基层群众综合性需求契合度不足

无论是社会整体治理机制创新，还是乡村社会治理能力提升，其本质要求都是从"单向管理"系统性转向"双向治理"，不能仅仅满足一般性事务业务处理，而是要围绕乡村全面振兴的综合需求，提供专业化、个性化、社会化的治理服务，解决推进农业农村现代化的制约因素和机制阻碍等问题，既是整体性的重塑和变革，也是更好地回应基层乡村群众的多方面利益诉求。当前，基层乡村整体治理能力还在不断提升完善中，与信息化社会的多样化、社会化、个性化的综合需求还不完全契合，一些治理服务供给能力与基层乡村群众的要求期待相比还存在较大差距。

### （三）乡村社会治理的现实基础和保障机制不够完善

一直以来，党和国家始终把"三农"工作作为经济社会发展的重中之重战略予以贯彻落实，但是受限于各种主客观条件，目前乡村社会治理的现实基础还不完全稳固，不同程度地存在资金投入、技术供给、人员配备等不足问题，在保障条件、保障资源、保障机制的建立健全方面还有一些短板弱项，需要继续予以重点关注、重点关照和重点扶持。

## 三、乡村振兴战略下高职院校服务乡村治理

厘清职业教育服务乡村振兴的内在治理逻辑，不断增强职业教育与乡村发展的适应性，突出职业教育服务乡村振兴的针对性、精准性及时代性，形成产教良性互动，实现教育链、人才链、产业链融合助力、赋能发展，对于乡村现代化发展需要尤为必要。

### （一）职业教育服务乡村振兴的治理逻辑

职业教育服务乡村振兴的治理逻辑指的是职业教育"供给域"服务乡村振兴"需求

域"两个场域中的各要素交互影响、动态传导、相互制约的演绎互嵌过程。职业教育服务乡村振兴是一项复杂的系统工程，涉及产业、人才、文化、生态、组织等多维振兴，只有通过整合职业教育与乡村振兴的基础性资源，厘清产教双方系统内在要素的社会关系和经济关系，激发供需双方的内生动力，揭示职业教育服务乡村振兴的内在机理，增强职业教育的适应性，才能有效提升职业教育服务乡村振兴的治理效能。

1. 职业教育发展与乡村文化振兴的关联和重塑

职业教育发展和乡村文化振兴的关系体现在推进功能、价值实现等方面的关联性，在要素供给、治理逻辑等方面存在重塑性。

（1）推进功能和价值实现的关联性

职业教育的纵深发展与乡村文化振兴的功能发挥，两者的"产—教"互构逻辑及价值追求具有天然的契合度，且与其互惠共生的内源文化进步方向具有一致性。职业教育以其显性与隐性功能挖掘并传导乡村伦理精神及文化价值，扩展乡村文化的生存空间，可以破解乡村文化认同危机、文化自觉不足等难题，有效催生乡村文化新的发展业态及新的职业岗位；而乡村文化振兴又可推动乡村职业教育进一步深化立德树人根本任务，倒逼职业教育在专业设置、课程改革、人才培养等方面自我反思与革新。

（2）重塑要素供给关系和治理逻辑

打通职业教育嵌入型文化与乡村内生型文化之间的互动壁垒，建立文化价值供给关系，促进乡村文化资源的优化配置，实现职业教育发展链与乡村文化振兴链共治共享。当前，重塑职业教育发展链与乡村文化振兴链关系就是要将职业教育的制度文化、管理文化、专业文化、标志文化、社团文化等文化育人体系与乡村文化振兴中包含的历史文化、乡愁文化、道德文化、民族文化、非遗文化等乡村文化因子交流、融合衔接，特别是职业教育与乡村自然生态环境、乡村人文生态环境具有依存关系，通过职业教育对乡村居民教化培育，引导乡村居民树立正确的生态文明观念，增强乡村居民主人翁意识，加强乡村人居环境整治，实现乡风文明。同时，通过职业教育技术手段推动乡村文化资源数字化，实现城乡优质文化资源共享。

2. 职业教育与乡村振兴的赋能和提质

进入新时代，我国社会的主要矛盾已经转化为人民日益增长的美好生活需要和不平衡不充分的发展之间的矛盾，而我国发展不平衡不充分问题在乡村最为突出。乡村发展不平衡不充分问题就要通过乡村振兴才能解决，职业教育为乡村振兴提供重要的智力支撑。

（1）职业教育赋能乡村振兴

赋能是以价值为媒介，通过资金、技术、知识、创新、制度、机制、文化等要素辅以核心媒介得以呈现价值的过程。乡村全面振兴实质上是乡村产业、人才、文化、生态、组织的全面振兴，而职业教育服务乡村振兴实质上就是通过建立组织间嵌入性赋能组织间的合作、资源的交换和重组、治理有效，推动乡村振兴各要素的优化。长期以来，职业教育在供给端能够为乡村振兴赋能增值，是服务乡村经济社会发展的重要智力举措。"在推动乡村振兴的过程中，职业教育在人力资源开发、技术技能积累转化、文化传播传承、社会服务供给等方面发挥着举足轻重的作用"。

职业教育通过内部治理结构改革，不断提升服务地方产业经济的能力，增强职业教育服务乡村振兴的适应性，构建资源要素引流机制，推进职业教育专业、教学、科研、师资等资源要素与乡村发展全面融合，深化赋能内涵，扩大有效供给。

（2）乡村振兴助推职业教育提质增效

提质是以品质、质量和效率为核心的一种技术治理模式。乡村振兴的纵深推进为职业教育提供了广阔空间，破解乡村发展不平衡不充分问题尤其需要职业教育主动作为，通过不断精进科研技术助推产业兴旺，通过改革教育教学方式培养服务乡村振兴的人力资本，通过办学方针、校企文化等，不断提高服务乡村振兴的品质、质量和效率。通过建立职业教育与乡村振兴之间互动机制、确立合作伙伴关系，释放职业教育与乡村振兴内生性治理动力和嵌入性治理能力，推动双方在支持性上的良性发展。

3.职业教育类型优化与产业转型升级中的融合和共生

新时期，职业教育必须整合经济发展需求与人才发展需求更好地服务产业转型升级而实现走向融合与共生。

一方面，融合是增强职业教育适应性、优化职业教育类型定位、实现自身价值的本质要求，也是职业教育推动产业兴旺实现"产教互嵌"的不竭动力。当职业教育在持续优化自身类型定位中将自身价值嵌入乡村振兴大环境中，将激活乡村第一、二、三产业各要素结构实现优化，有效转变民众对职业教育的认识偏见，促进乡村主体行为在新的环境嵌入中实现"帕累托最优"。从融合角度来看，职业教育服务乡村产业振兴是产教融合在新的历史机遇下的转型发展新样态，也是实现技能供给与劳动力市场需求对接、专业（群）设置与产业链对接、课程内容与乡村职业标准对接、教学过程与产业工序过程对接的应然之意，在结构嵌入性和关系嵌入性兼具融合与共生特性，职业教育育人方式、办学模式、管理体制、治理机制改革要与乡村产业振兴协调融通，同时要推动职普融通，增强职业教育服务乡村产业振兴的适应性。

另一方面，共生是"不同种属基于某种特定的联结而形成共同生存、协同进化的关系并实现系统均衡发展"。职业教育在为产业振兴提供智力支持的同时，产业振兴也为职业教育的发展指明方向，二者具有双向利益共生的关系。职业教育在供给系统中要平衡服务地方产业经济因转型升级而带来的供需失调及内在机理脱嵌，"更要借由协同治理机制在合作共生过程中增加职业教育服务的公共价值、承担社会责任并维护社会秩序，从而促进现代职业教育的健康发展并实现教育与产业深度融合"，即要构建起职业教育专业与乡村振兴产业之间的内在要素关联，通过双边嵌入提升彼此在实践导向中的依存度和紧密度，形成价值互助、经验互鉴、利益共赢的命运共同体。

随着乡村社会深刻变革、产业转型升级和农村供给侧结构性改革带来的产业结构和就业岗位的深刻调整，产教融合、校企合作的应然价值释放更加紧迫，职业教育类型定位加速流变，职业教育评价机制更趋完善，因此，必须推动职业教育与乡村振兴在新的环境互嵌中提升融合与共生的互动能力，提高双方资源配置效率，构建双方共识、信任、契约和权责的基础性价值，才能实现职业教育类型优化与产业转型升级同频共振。

## （二）职业教育服务乡村振兴的行动路向

职业教育服务乡村振兴要构建基于价值网络体系的结构嵌入性和关系嵌入性，要在增强职业教育服务乡村振兴适应性中提升供给质量和效率，满足乡村农民对美好生活的向往和追求；职业教育作为一种以技术技能为主要教育内容的应用型教育，培养具有追求工匠精神的技术型人才是其内在价值表征，职业教育服务乡村振兴的行动路向可以表现为两者在要素、机制、功能等方面的协同并进。

### 1. 职业教育服务乡村振兴的内源治理要素

协同性是职业教育与乡村振兴内在要素之间为了实现有效运转、协调配置、融合互嵌而采取的内源式协同治理过程。在此过程中，必须构建平衡供需各要素的系统，即驱动治理系统和技术治理系统。系统内的各要素构成一定的网络空间，具有明显的结构性、关系性特征。但必须明确的是，各要素嵌入存在边际递减效应，要防止各要素"嵌入性不足"或者"过度嵌入化"现象。

首先，要构建包括产业、人才、文化、生态、组织五个核心内容的驱动治理系统，将乡村振兴驱动治理系统精准对接职业教育供给要素，巩固职业教育参与乡村振兴治理的治理生态；反之，职业教育也必须对接乡村新要素、新载体、新模式、新业态，审视人才培养、教学模式、课程定位、专业设置，实现自身功能转变，进而提升价值服务的适切性。

其次，要构建包括教育、资金、市场、政策、制度等内容的技术治理系统，根据技术治理系统的动态性、延展性和选择性特点，平衡各主体、各环节、各层次间失调弊端，构建契合农村经济社会发展的良性生态系统，即专业与产业、职业岗位对接，专业课程内容与职业标准对接，教学过程与生产过程对接，学历证书与职业资格证书对接，职业教育与终身学习对接。

此外，城乡二元结构体制的长期分割存在，使城乡职业教育发展差距不断拉大。因此，在强调统筹城乡职教协调发展的基础上，必须注重城乡职业教育在人本性价值、公平性价值、发展性价值以及社会服务性价值取向上的协调性和一致性。重视人才在职业教育与乡村振兴中的纽带作用，强化人才在驱动治理系统和技术治理系统的维系和运转，通过职业教育培养生产经营型、专业技能型、社会服务型和乡村管理型人才，促使驱动治理系统和技术治理系统各要素在乡村治理系统内的供需匹配、交互耦合、合力共赢，形成职业教育与乡村振兴功能互补、协同共生的有机组合。

### 2. 职业教育服务乡村振兴的耦合激励机制

协调性是检验和判断职业教育服务乡村振兴成效与质量的有力抓手。职业教育服务乡村振兴必须立足乡村振兴现实需求，从衔接机制、利益机制、评价机制的协调性出发，推进乡村内部治理结构优化，实现乡村经济社会全面发展。

（1）构建基于供需导向的衔接机制

通过延长产业链、提升价值链、挖掘创新链、完善利益链"四链同构"的衔接机制，解决乡村振兴内在要素之间不平衡不充分与职业教育办学理念滞后的问题；推进职业教育专业群与产业链相互衔接，延长产业链倒逼专业（群）动态调整，实现真正意义上的"产教深度融合"，进而催生一大批数字新产业、新模式、新业态。

（2）构建基于权益导向的利益机制

通过完善职业教育涉农专业服务乡村振兴的产教利益链，建立职业教育衔接乡村振兴的权益表达机制和利益补偿机制，明确职业教育与乡村振兴各主体的权利和义务，瞄准专业对接产业的利益平衡点，避免人才择业趋利取向，实现职业教育服务乡村振兴的善治共赢。

（3）构建基于结果导向的评价机制

走出职业教育服务乡村振兴供需评价的"孤岛"，跳出狭隘的功利主义和经济主义的窠臼，由乡村经济本位的工具理性向产教善治共赢价值理性转变，从职业教育与乡村经济发展需求匹配度、投入与产出效率、服务贡献力、社会培训、利益相关者满意度等维度创新评价指标。打破传统以政府为主体的治理方式，以"去中心化"理念构建政府、市场、社会、学校等"多中心"协同参与职业教育与乡村振兴发展所需人才培养方案和标准的制订、职业资格和职业技能等级证书的开发等。吸纳职业教育利益相关者参与办学评价，保持参与评价的互动频率、关系持续时间以及指标相互服务的互嵌效益，"从培养担当精神、提升职业素养、强化社会服务、保证就业顺畅四个方面提升职业教育社会认同"。

通过重构以职业教育与乡村振兴共同利益为本的工具理性与价值理性相统一评价标准评价方式，对职理论探讨职业教育专业设置、教学改革、科学研究、社会服务、人才培养以及乡村振兴产业发展、文化传承、技能培训、生态治理等方面的结果导向评价和反馈，实现职业教育服务乡村振兴内在机理的有序运转。但我们不能指望结果导向评价机制能够解决职业教育服务乡村振兴所面临的全部问题和挑战，而是如何有效衔接评价指标与"供给域"和"需求域"目标，以确保评价结果可以为政策制定提供参考并推动职业教育改革，实现"以评促改、以评促建、以评促治、评建结合"的向善治理，提升评价机制的有效性。

3.职业教育服务乡村振兴的功能导向价值

引领性是指职业教育充分发挥其在乡村社会及经济文化中的示范引领作用，增强职业教育服务乡村振兴的效能和效益。

第一，要将职业教育的职业性、教育性、融合性和开放性嵌入乡村产业、文化、人才、组织等结构领域，激活资源要素，增强发展动力。"撬动"阻碍乡村振兴发展的壁垒，提升职业教育服务乡村振兴的精准性和适切性，推动乡村产业结构优化升级、适应新产业新业态发展诉求，带动产业兴旺、乡风文明、治理有效。

第二，要重塑职业教育主动引领乡村振兴的价值认知。

一方面，通过开展职业教育学历培训和非学历培训，拓展农村劳动力再教育机会，培育高素质技术人才和管理经营人才，顺应乡村高质量发展诉求。

另一方面，增强职业教育的主动服务意识，统筹抓好职业教育和乡村振兴的价值互嵌，促使乡村振兴各要素在重塑和转型中获取更加适应自身发展的内驱力。

第三，要彰显职业教育在服务乡村振兴中的使命，主动引领和适应社会经济发展需求，提供符合乡村振兴需求的人才资源。

第四，要瞄准职业教育自身价值定位，发挥职业教育在乡村人才变革、技术转化、产业升级和文化振兴等方面的价值作用。职业教育要充分发挥其在智力、专业、人才与文化等方面的结构优势，不断审视自身服务乡村振兴的价值内核，整合治理主体、优化治理工具，牢牢把握顺应乡村振兴发展所需"源头活水"，探索兼容并包的权变策略、丰富服务乡村社会经济发展的内容，不断增强职业教育服务乡村振兴的适应性。

第五，要拓宽服务乡村振兴的认知维度和行动路向。职业教育要重新审视在新时代高质量发展背景下的实践认知、价值使命，要通过办学内容结构重组和价值供给输出，推动产教资源精准适配、要素双向流动、价值互为推力、治理耦合协整，进而提升自身服务乡村振兴的质量和效率。

# 第三章 服务乡村振兴战略高职院校创新创业人才培养的现状

## 第一节 人才需求量和供应链矛盾尖锐

由于农村偏远地区经济基础薄弱、条件不够优越、基础设施和社会公共服务悬殊，对人才的吸引力不够。而乡村振兴战略的实施过程中，人才又是不可缺少的因素，只有通过人才引进才能带来先进的科学技术和经济发展理念。例如，在当今电商发展迅速的背景下，电商人才的引进还可以更好地推销当地特色农产品，进而带动当地农业特色产业的发展。而电商产业引进乡村、服务乡村振兴战略的过程中，由于没有专业的电商人才的指导，电商发展难以形成规模，带动乡村发展的预期目标往往难以实现。在乡村人才需求量急剧攀升的现状下，高校乡村振兴人才供应量却难以满足其需求。由于高校人才培养方向和定位上的偏差、农业专业型师资和教育资源的缺乏以及教学方法的滞后，各大高校仍多采用传统的人才培养方式，不能很好地满足乡村发展的现实需要。

### 一、乡村振兴战略对人才支撑的诉求

实现乡村振兴离不开人力资本开发，实施乡村振兴战略必须破解人才制约，构建强有力的人才支撑。同时，从现实情况出发，乡村振兴战略人才支撑体系建设面临诸多挑战，强化了乡村振兴战略对人才支撑的诉求。乡村振兴战略人才支撑体系建设迎来的新机遇，也为乡村振兴战略提出构建人才支撑的诉求提供了现实可能性。

（一）实施乡村振兴战略必须破解人才制约

实施乡村振兴战略，不仅是建设社会主义现代化国家的重要途径，也是解决"三农"问题的关键。然而，实施乡村振兴战略面临着人才制约问题。

1. 传统乡村经济结构制约人才资源开发

在现阶段的乡村振兴战略实施过程中，由于乡村的新兴产业还没有成为乡村经济结构中的主导力量，而传统农业转型升级又面临着动力减弱的问题，因此亟须进一步优化和升级乡村产业结构。然而，1949年以来，第一产业在整个国内生产总值占比已下降至个位数，但从乡村经济结构内部构成看，农业总产值在乡村经济总产值所占比重仍旧较大。

基于乡村地区正处于工业化发展初期阶段，不仅表现在农业产值在国内生产总值比重大幅下降，更体现为乡村第二产业发展势力萎缩，乡镇企业数量减少。

虽然随着乡村振兴战略实施，乡村第三产业发展有所提升，但是乡村第二产业是乡村经济发展的支柱产业，也是第三产业发展的主要支撑。可见，乡村内部经济结构呈现不平衡发展态势。具体表现为，乡村经济的工业和服务业产值、劳动力就业比重均较小，呈现典型的"倒金字塔"形状。同时，农业就业劳动力在乡村就业总数所占比重仍旧较大。

另外，可以说与发达地区的就业结构相比，在较为落后的乡村就业结构中，与第一产业相关的人数依然占据人口的多数，亟须提升劳动力的科学素质并逐步促使劳动者向第二、三产业转移。

2. 劳动力市场不健全影响人才资源流入乡村

劳动力市场是人才资源走向市场进行就业选择的重要场所，能为用人单位与人才资源提供双向选择的机会与平台。但目前，中国劳动力市场不健全成了人才资源流入乡村，为乡村振兴战略提供人才支撑的重要阻碍。

目前，劳动力市场的城乡分割现象较为严重。各地优质的人力资源市场或者人才交流与服务中心大多建立在省级城市，其次是县域内城市，乡村地区几乎没有。而城市内的人才市场招聘端主要面向的是城市就业岗位，这不仅使乡村劳动力对就业信息获取难度增大，而且使优质乡村劳动力在城市中的人才市场选择就业时直接流出乡村，更难以吸引社会上的其他人才资源流入乡村劳动力市场。同时，乡村劳动力市场尚不健全也不利于农民工返乡就业。

在农民工进城潮流的影响下，大批青壮年涌入城市，不仅在城市中进行了技术的学习和培训，更获得了较高的经济待遇与社会福利，与此同时，乡村劳动力市场能够提供的工资待遇及就业岗位种类显然无法满足农民工较高的就业需要，因此他们返乡意愿较低。另外，在使用乡村劳动力的过程中也存在较多的短期用工，导致政府相关就业部门对于劳动力市场的有效信息了解滞后，使劳动力市场的信息储备与信息扩散功能受限。

3. 技术应用效率制约乡村人才资源开发

伴随着科学技术的进步，科技对于农业生产和经营贡献率的提升，将使更多的乡村剩余劳动生产力从田地中解放出来，投身到第二、三产业中来。相对较低的农业科技化与机械化应用效率不仅将大量乡村劳动力束缚在传统农业经营方式中，增大了乡村农业劳动力创造剩余价值的难度，更使作为乡村人才资源主力的乡村优质农业劳动力开发缺少充足业余时间与现实经济动力。技术应用效率相对较低的状况，导致在现代化农业发展趋势的推动下，乡村振兴战略实施虽然呼唤着具有一定科学文化水平和技术专业水平的农业人才，但在推动农业产业变革的实践过程中，却很难在短时间内开发出能与乡村经济结构升级和供给侧改革相对接的乡村人才资源。正是由于技术应用效率相对较低，难以激发提升乡村人力资源开发水平的现实需要，所以对现有的乡村总量劳动力来说，显然还没有达到最大限度发挥乡村人才资源作用的程度，因此为乡村振兴战略实施，培养更多高素质乡村人才的任务刻不容缓。

**4. 乡村社会保障体系不完善制约人才资源开发**

乡村社会保障体系关乎人才资源的生命、心理安全与生活保障质量。乡村社会保障体系不完善，直接影响着乡村对人才资源的保护程度与吸引力。城镇化步伐的快速推进使城市在基本保险方面已经形成良好的运行模式。

具体而言，在养老保障方面，乡村居民基础养老金与缴费水平相对较低，乡村低保收入水平难以满足低收入农民生活消费支出。从公平性角度看，乡村社会保障体系尚未如城市一般形成科学的财政资金投入机制，乡村低保标准也长期低于城市低保标准。

同时，尽管乡村地区新农合医疗有了很大进展，但是与城市医疗保险相比仍然存在着覆盖疾病面小、保障水准低的问题，特别是乡村地区的工伤保险、生育保险参保率和覆盖率都很低。农民的参保能力与缴费意愿也相对较弱。针对教育、住房等方面的专项社会救助体系亟待完善。

因此，只有切实解决农民的保险制度漏洞问题，才能让乡村人力资源开发在乡村振兴战略实施过程中发挥重要作用。

**5. 城乡资源鸿沟制约人才资源开发**

城乡融合发展视域下，乡村人才资源开发能够通过人才双向流动促进城乡资源分配平衡，提升城乡资本流动科学性。然而，城乡资源鸿沟现状深刻制约着人才资源开发。城乡二元结构体制机制的存在从体制上决定了城乡资源鸿沟现象不可避免地长期存在。与此同时，在过去相当长时间里，县、乡级政府并不注重开发乡村人力资源，长久下去又具体造成了政策性的城乡人力资源分配不均衡后果，进而影响了乡村人才资源开发水平。教育作为乡村人才资源开发的重要途径，乡村教育资源拥有量对乡村人才发展起着至关重要的作用。但在教育方面，中国却存在着严重的城乡教育资源分配失衡现象。其中，乡村中小学校任课教师的教学水平、薪酬待遇、生活福利、职位晋升空间，乡村中小学校的校址布局、办学硬件设施等，均与城市教育存在较大差距，并在短期内难以完全弥合，这使得乡村劳动力素质长期处于低水平发展状态。

## （二）乡村振兴战略人才支撑体系建设的挑战

目前，存在于广大乡村中的人力资源不足、优秀人才资源稀缺的现象依然制约着我国农业农村现代化的进程。乡村人力资源现状远远不能满足乡村振兴战略的实施要求，乡村振兴战略人才支撑体系建设任重道远。

**1. 乡村人才资源结构配置不合理**

随着耕作生产方式的日益机械化，对原有的掌握初级耕作技能的乡村劳动力的需求也在随之减少，导致乡村出现了大量剩余劳动力。主要问题表现在：

（1）劳动力综合素质较低

尽管国家对乡村的教育投入逐步增加，但是乡村劳动力技术水平的提升却很缓慢。而科学素质较低的乡村劳动力一旦闲置下来，将难以为乡村带来崭新面貌和动力，难以为乡村现代化发展提供优质的人才基础。

（2）劳动力结构不完善

要想实现乡村面貌新的突破，农技人员起着引领作用。从当前乡村中的专业技术工作者结构分布可以看出，产前、产后所需要的农业技术人才数量短缺，综合性现代化的管理人才依然处于匮乏状态，特别是网络信息应用技术、加工与存储农产品等专业人才的缺乏，使得传统农业技术工作者人员依然占据着绝对数量，农业产业链存在着劳动力结构不合理的情况。

2. 乡村人才资源整体技能水平偏低

由于社会历史和地理资源的特点，我国乡村人口数量众多。虽然农民人口基数大，但是优质的、高技术水平的人才短缺情况依然比较突出。而具有实用科学技术的优质乡村技术人员，是带动农民增收致富和推动中国特色社会主义新农村建设的重要队伍。

与此同时，针对农民工的职业技能培训在实际运行中也存在着严重的供需矛盾。比如在相关信息发布与获取渠道上，主要是单一的镇村委发布，但是农民工更期望通过政府公告、新闻媒体或其他便利的渠道去获取培训信息。在决定技能培训质量的培训内容方面，农民工更倾向于在机械制造、建筑装修、烹饪餐饮、创业管理、文化提升类等方面获得培训，但相关部门培训供给却集中在服装纺织类与电脑家电类等农民工需求较少的培训内容，其中对农民工特别需要的创业管理知识的培训供给更是少之又少，这导致了优质的乡村劳动力占据全部乡村劳动力总量的比重长期较低。

同时，从当前农民主要从事的种植业和养殖业来看，发展现代高新农业技术的程度亟待提高。农民往往存在单一的传统的种植与养殖技能，对于每年我国产生的新农业科技成果进行学习与推广的比例低下，使得科技对于农业增长率的贡献偏低。再加上目前我国农业普遍以粗放的经营管理模式为主，科技能够转化为现实生产力的空间不足，这也是制约优质人才数量提高的主要原因。

3. 乡村教育人才教育缺失

教育，特别是基础教育和专业教育，影响着乡村人才资源的开发，事关乡村能否全面振兴。但事实上，乡村教育处于事实中的边缘地位，在社会地位、社会功能与文化资本方面处于弱势境遇。九年义务教育实施以来，我国乡村的基础教育有所发展，失学率在逐年降低。但是培养出乡村人才的数量和质量还不能与发达国家相比。总体上，专业教育和高等教育存在缺口，难以为乡村振兴培养高质量人才。而处于人才培养关键期的乡村基础教育，其在师资、硬件等水平还不符合乡村振兴战略的相关标准。特别是部分乡村课堂学生的学习效果仍达不到国家义务教育规定的及格标准。其中，家庭文化资本直接影响乡村学生学习意愿与成绩。部分乡村家庭教育观念不强，导致乡村学生的辍学现象时有发生，也打击了乡村学生继续向高中、本科及更高学历升学的思想意识与能力。同时，从学校看，乡村学校的教师学历、创新意识与城市教师相比均有很大差距，特别是大龄乡村教师的教育观念与教学水平很难与时俱进，而中青年优秀乡村教师外流又整体拉低了乡村教师队伍质量。在县域内的大班额问题、家校互动困难等，也影响学校教学综合效果。另外，从乡村社会的教育氛围看，乡村还存在着"教育无用论"错误思想观，看不到教育投资的长期收益，使乡村劳动力，甚至是青年劳动力在达到初高中学历水平后在思想上表现出安于现状、缺乏进取的精神，在工作中也不能积极主动地接受专门技能教育。

总之，乡村振兴要靠人才，人才资源的储备要靠年轻一代。受生活条件和所处环境的影响，乡村年轻人更了解当地的风土民情和发展愿景，必须提高乡村教育质量，以先进的教育理念武装乡村劳动力头脑，挖掘乡村专门人才，为促进乡村产业兴旺做出贡献。

4. 乡村人才资源流失现象普遍存在

乡村人才资源流失现象主要有两种表现：

（1）乡村本土人才流失

受到生长环境的制约，土生土长的乡村青年人在外出务工或者在城市进一步提升学历完成学业后，希望能够留在城市里，找到收入高、条件好、有社会保障的工作，特别是新生代农民工与老一代农民工相比，工资福利待遇明显提升。较高的收入给新生代农民工带来了更多的教育文化娱乐消费与家庭生活质量的提升，传统"甘于清贫、乐于奉献"的理念显然已经无法支持乡村人才选择乡村，外出务工待遇的逐步提升加速了乡村人才资源流失速度。另外，偏远地区农民的年收入过低，甚至远远低于城市打工者年薪，这就使得诸多能力突出、年轻的乡村人才不愿意返回家乡。这就造成了本地培养的青年人才不能反哺乡村建设，造成了乡村空巢老人的存在，也形成了乡村人才资源的流失。

（2）外来人才外流现象

国家高度重视乡村人才资源的建设，通过大学生村官、特岗教师、"三支一扶"等政策，鼓励大学生扎根于乡村建设，培养乡村建设和服务的储备人才。尽管政府提供了补贴和加分政策，也在待遇上有所改善，高校毕业生在就业的压力下也将上述就业渠道作为择业的一个选择，大量的人才到乡村中参与建设。但是众多大学生将在乡村工作的经历看作个人职业发展的过渡和跳板，尽管一些用人单位为了留住人才提供了优越的条件，但是由于乡村基层环境较差、工作条件艰苦、生活条件困难，在服务期满后，很多大学生由于个人晋升、工资收入、生活需求等原因离开乡村，造成了人才留不住的局面。

5. 人才资源开发管理体系亟待完善

人才管理是人才培养与发展的保障，我国乡村人才资源开发管理体系需要进一步地统筹与完善。当前，乡村人才资源开发面临的主要问题有：

（1）乡村人才资源开发意识落后

相较城市来说，乡村比较落后，官本位思想依然大量存在，没有形成"尊重知识，尊重人才"的风气，不能有效地"招才引凤"，造成很多职业技术人才和管理者之间的冲突。乡村管理者中漠视市场经济和竞争意识，用人唯亲、盲目排外、打击报复的负面管理方式屡见不鲜。

（2）乡村人才资源开发制度不足

目前，乡村人才资源开发依然停留在摸索阶段，还没有被纳入地方人才资源开发制度体制。在人才选拔和培养上，存在晋升制度不科学、绩效标准不统一、管理方式家长制等现象。对人力和人才资源没有整体意识，缺乏现代管理科学理念，缺乏人才资源开发的全局意识，对人才的统筹管理能力有待加强。

## 二、乡村振兴战略中影响人才发展的因素

### （一）乡村教育体系和乡村经济发展相对落后

1. 农民的受教育程度是影响农民科技素质的重要内在因素

农村居民由于受到小农经济和农村教育体系的长期影响，在义务教育完成之后，接受更高层次教育的选择较少，以致我国农民在科技文化素质方面存在水平普遍不高的状况。而受教育程度较低制约了农民接受新的科技知识，因为农民可能会因为受教育程度不高，在进行科技培训时，接受能力也会偏弱，造成对新技术的吸纳和应用较差。对新技术的吸收能力不足也会制约农民科技素质的发展。长期以来，农民受到经济发展和教育水平落后的影响，思维也因在小农经济的影响下，呈现出一种小农思维，缺乏主动获取科技成果和接受新鲜事物教育的积极性。虽然我国对"三农"的资金投入在增加，但这种情况未得到根本改变，农民对新技术的吸收能力较弱，缺少把知识转化为能力的素养。

2. 城乡二元结构影响了农民科技素质的提升

改革开放以来，因为我们在农村先进行了改革，农村的面貌相对以往发生了很大的变化。但从根本上来说，农村与城市之间的差距在不断拉大的趋势没有得到根本上的改变。这种趋势造成了城乡之间在教育资源分配上不均衡，农村人口占全国人口的大多数，而农村学校占全国学校的比例较低，农村教育处于弱势的地位从根本上暂时还未发生变化。农村在文化普及程度、职业教育及科技推广等方面和城市之间在国家政策支持和财政支持方面存在着较大差距，普遍存在着师资缺乏、经费紧张的状况，农村教育体系呈现出的问题在很多经济欠发达的地区更为严重，阻碍了农民科技素养的提升。

3. 对农民进行科技素质的培育途径制约了农民科技素质的提升

当前对农民进行科普和科技教育培训、农业技术推广等存在着较为传统、单一、分散的情况，难以达到新时代下对农民科技素质的要求。

首先，乡村科普基础薄弱。不能发挥科普主阵地的作用，缺乏科普教育资源。当前乡村科普渠道窄，一体现在流动宣传少、科技馆和科技博物馆少，二体现在科普活动站点、科普阅览室匮乏；另外，因为宣传人员不足造成的科普传播的动力不足，网络科普平台的不完善也影响着科普的宣传，因此要提高对科普宣传人员的待遇，提高农村的科普站点覆盖率，加强乡村对科普工作的重视。

其次，对农民进行科技教育培训的创新力不足。在培训内容和方式上存在着笼统化、形式化的特点，不能满足农民的生产生活需求；在资金来源上缺乏社会资金，多来自国家

的支持；农民科技教育培训还受到项目的制约，因为培训多以项目为依托而进行。由此可见，由于科技培训缺乏针对性、缺少资金支持，没有形成常态化机制，农民参与培训的积极性不高，制约了农民科技素质的提升。

最后，农业技术推广缺乏实效。当前存在较广的推广模式是商业性农技推广，公益性农技推广的不足损害了农民的积极性，使农民接受新技术的途径受损，间接损害了农民增产增收的可能性；因此要重视公益性农技的推广，加大扶持力度，以达到向农民宣传新技术，增加农业生产产量、增加农民收入的目的。

4. 经济发展相对落后使农民吸收技术能力不足

改革开放以来，我国在经济和科技实力方面，相对以往有很大的提升。随着生产力的突飞猛进，在农业、农村、农民问题上，我国的财政投入逐年在增加，政策持续力度也不断加大，但广大乡村地区，特别是偏远农村和贫困地区，经济科技文化的发展处在相对落后的发展状态。小农经济主导下的小农思维使农民不具备获取科技和接受新鲜事物的主动性，不能将知识转化为能力，缺少吸收技术的能力。

## （二）乡村思想文化建设较为薄弱

1. 农民思想观念受到社会转型的影响

农民曾长期生活在计划经济体制下，形成了与计划经济相适应的思维、价值观念，向市场经济的过渡要求农民快速转变思想观念，以适应新的经济体制的发展要求。但经济体制的转变和农民思想观念的转变不协同，虽然国家采取了一系列措施，但在调整过程中极易寻求原有体制下思维的庇护，同时市场经济下也容易受到西方腐朽文化的影响。总的来说就是，农民的道德素质和经济体制的转变不完全同步、发展失衡。

首先，农民缺少接受先进思想观念的能力。农民的道德文化水平受到教育和文化的影响，整体水平不高，因此他们对新生事物的接受能力不足。农民的思想观念受到小农经济的影响，较为狭窄，在市场经济下遇到不能解决的问题，容易把责任归咎于政府。

其次，部分农民只重视取得经济效益优势能力的发展，忽视自身的思想道德建设，这样人与人之间在道德方面的差异越来越大。最终造成的结果是发展经济的素质越来越高，而道德素质偏向低下。因此，要关注社会转型期农民的道德素质养成，提高农民的道德素养。

2. 传统教育无法完全解决农村社区的新问题

在城镇化推动下，新型的农村社区逐步形成，它逐步成为农村与城市的联结点，成为统筹城乡发展与实现城乡融合的重要支点。因此要重视新型农村社区的建设，回应其对思想道德建设的新要求。现有的城市或者乡村的道德建设模式不能适应新型农村社区的道德建设要求，因为它的存在介于城市与乡村之间。它的经济发展水平、思想道德水平相对农村来说更有优势；但相对城市社区来说，劣势更为明显。农村原有的道德建设可能更适用于人员相对较少的农村社区，而新型农村社区规模往往较大，人员较多，因此要探索出一种适合新型农村社区的道德建设模式，解决现代化新型社区在道德建设中遇到的新问题。

农村的思想道德建设要重视文化的作用。

首先，要加强社会主义核心价值观的宣传，宣传社会主流价值观念，使农民在精神上团结一致。

其次，要打造农村的思想文化建设坚实阵地，为开展道德教育夯实基础；加强基层组织、农村社区道德建设的针对性工作，引导农民培育健康向上的道德素质，提高人民的精神文化水平。

最后，要健全信用体系建设，对道德表现优秀的居民实行奖励，对不守道德规范的行为实行处罚。重视思想道德素质在乡村振兴中的作用，深入推进农村地区道德建设水平。

### （三）乡村生态环境建设滞后

#### 1. 生态环保教育不够深入

长期以来，对于城市发展造成的城市环境污染，我国的投入较大，治理也取得了一定的成效。但对于农村、农业来说，我国环境污染的目光始终着落在城市和工业上，对农村生态环境关注不够。农村的生态环境得不到改善，生态恶化的趋势愈演愈烈。在生态环境宣传和生态环境教育方面，关注较为偏向城市，农村获得较少。长此以往，不仅导致了农民在提升生态环保意识方面缺乏主动性，还导致农民在生产生活中不注重生态环保行为的落实。在环保资金投入方面，城市受到了一定的偏向；虽然近年来农村获得的环保财政投入在递增，但对于农村生态面临的问题来说，现有的资金投入还存在缺口。最后，在评价环保成果方面，城市已有多年的经验，相对来说，农村的环保还处于不成熟阶段，因此对于评价农村的环保成效来说缺乏统一的指标。

农村环保教育优势不足主要体现在以下几个方面：

（1）单一的环保教育宣传模式阻碍了农民获得环保知识的途径

农村环保宣传途径单一既有农村经济发展落后造成的宣传动力不足的影响，也有环保教育在农村不受重视的影响。

（2）农村环保教育的开展缺少确定的责任部门

向农村进行环保教育的宣传需要相应的责任部门进行，但因为农村环保长期以来不受重视，导致部门责任不明确。相应环保部门的缺少给在农村进行环保教育宣传活动带来了不利影响，不利于农民环保责任的养成。

（3）农村的环保教育缺少专业的环保教育队伍

农民生态素养的提升不是凭空产生的，具有较高环保知识理论素养的环保教育者发挥引领的作用，向农民传输生态知识，因此农村环保教育者队伍的建设要受到重视。

（4）农民接受新知识能力较弱影响了农村环保教育的开展

对于环保知识的掌握也属于农民在新时期需要学习的方面，但农民原有的生态环保意识淡薄、受教育水平不足，缺少相应的学习基础，不利于农民学习环保知识。

#### 2. 农村环保设施不完善

城乡间在环保投入方面的不足还体现在城市已具备了完善的环保设施，但农村的环境保护仍然缺少相应的设施建设。农村环保教育工作的开展只有理论上的宣传是不行的,还需要在硬件上下功夫。上文说的农民生态环保教育优势不足是制约农村环保的意识层面,这里要说的就是制约农村环保的硬件方面,也就是农村的环保设施不完善。在农村环保设施建设方面,垃圾场、污水处理厂的建设尤为重要。

首先,只有拥有充足的垃圾投放处,农民才不会随意丢弃垃圾,养成定点投放垃圾的习惯,从而保护乡村的优美环境。垃圾一旦不能及时处理,农村的土壤、空气、河流都会受到污染。此外,农村在设立垃圾场之后,还要在处理速度上下功夫。

其次,缺少统一的下水系统致使农民生产生活产生的污水得不到及时处理。在生产生活中产生的污水只能随意解决,长此以往,土壤、河流、空气环境都会遭到严重的破坏。

3.农村生态环保体系不健全

农村生态环保,只促进农民生态意识养成还不够,法律法规的约束是关键。一方面农村的生态环保缺少具体的法律规范;另一方面现有的法律规范在实施过程中落实不到位。

第一,当前我国关于环保的法律法规制定,针对特定资源的政策制定较为普遍。针对农村环保综合治理方面的较为缺乏,因此农村的生态环保需要相应法规的制定。

第二,政府在宣传和落实生态法规方面不到位。农民只有了解了关于生态环保的法规,才会遵守法规;政府对违反法规的行为进行处罚,农民才会知道破坏环境会造成什么样的后果。

首先,村干部的生态法律意识淡薄。村干部缺少相关法律法规意识,或者不能深入了解生态法规,一方面会影响他们自身的行为,另一方面也会导致他们在向农民宣传的过程中宣传不到位,制约农民获取生态法律知识。

其次,政府进行生态法规宣传采取的措施不当,不利于农民接受生态法规的宣传。政府的宣传采取较为直接的灌输方式阻碍了农民对于新知识的接收。

最后,农村环保的工作机制有待完善。

一是环保监督过于形式化。环保政策制定之后能不能落到实处,需要监督发挥作用。有监督,工作人员的热情才不会消散,才会调动人们开展环保工作的热情。

二是农民缺少参与环保的体制保障。农民是乡村环境的亲身者,农村环境怎么样,农民最有发言权,因此农村环保需要农民的积极参与。而体制保障的缺少会降低农民对环保工作的热情。

## 三、人才供应链视角下乡村人才振兴现状和问题

人才供应链管理是为应对经济环境的复杂多变提出的旨在帮助组织构建动态的、及时的人才管理模式。其四大支柱中,动态短期的人才规划是前提和基础,灵活标准的人才盘点能够有效地发掘组织内部人才存量状况与人才需求之间的差异,并据此通过ROI最大化的人才培养来为组织提供业务所需人才,同时引进外部人才实现无时差的人才补给。人才供应链管理模式,由于其系统、及时、动态、灵活的优良特性,为乡村人才振兴问题和对

策的分析提供了全新的视角。为了更契合乡村振兴战略下人才供应链的应用背景，更为充分地体现人才个人价值和社会价值协调统一中所蕴含的供应链管理思想，本文对许锋的人才供应链管理模式进行改进和补充，提出乡村人才供应链管理模式框架，如图3-1所示。

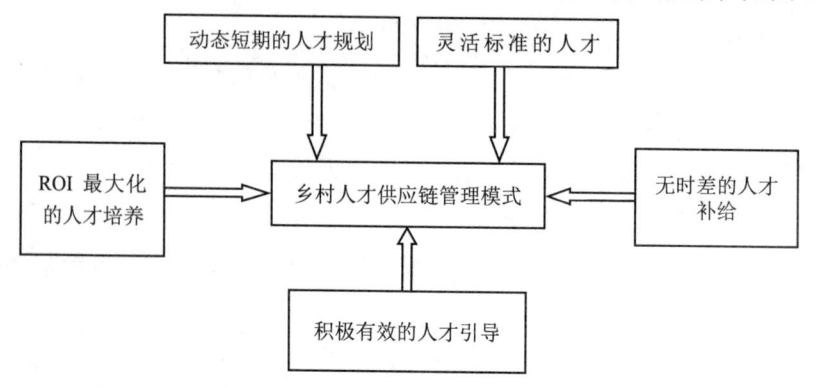

图 3-1 乡村人才供应链管理模式框架

其中，动态短期的人才规划、灵活标准的人才盘点、ROI最大化的人才培养、无时差的人才补给四大支柱是许锋提出的企业人才供应链管理框架，积极有效的人才引导为本文就乡村人才供应链的特殊性进行补充。当下在我国经济不断繁荣、人民群众生活水平逐渐提高的环境下，人们对于美好生活的追求主要以实现个人价值和个人梦想为重心，而对实现重大意义的社会价值的重视却不足，而且有人认为在乡村工作前途渺茫、社会尊重和认同较低。这是缺乏观念上的引导所致，因此增加积极有效的人才引导作为第五支柱，强调乡村人才选择的观念引导问题。

### （一）人才规划不够全面

各村在乡村振兴推进过程中越发体会到人才匮乏带来的无力感，但同时又缺乏全面的人才规划和准确的人才需求。调查中，多数村表示，会向上级部门提出人才需求，但却无法提供全面的人才规划，经常出现当项目开展时才发现某类人才不足的情况，致使项目进度和具体业务受到影响。原因在于，乡村原有的长期人才招聘计划仅是满足编制指标，缺乏针对性且不够全面，这样的人才规划已经无法满足乡村振兴各具体项目的需求。乡村人才规划不全面，除了人才需求类别覆盖面不够广、人才需求计划不够准确以外，还体现在人才保障配套措施不够到位。以教育和医疗系统为例，现有乡村教育、卫生人才总量和质量均大大落后于城市，其根本原因在于薪酬、住房、医疗、子女就学等相关保障措施不够完善，部分乡村人才向城镇转移。基于乡村人才保障措施对乡村引进人才和留住人才的重大意义，缺乏人才保障措施的乡村人才规划是不全面的。

### （二）人才盘点不够系统

在人力资源领域，对现有人才的技能和素质进行科学、客观的盘点，并依据盘点结果考虑人才晋升和培养，对于最大化利用现有人才资源是必要的一环。然而，目前各村几乎没有开展人才盘点工作，各乡镇有所涉及但不够系统，这将导致人才规划和需求缺乏依据和说服力。乡村人才盘点工作，不仅包含对人才存量和技能、素质的盘点，还可将其外延扩展到对人才的处境、顾虑和所需解决问题的盘点。据了解，乡村人才处境存在的问题包括：年轻人才收入低（3000~4000元/月）、业余生活单调、人才投入偏低、劳动力短缺、创新力下降、资金和资源随人才流失、投资机构歧视乡村创业等。以上问题均是乡村人才队伍建设的障碍和"瓶颈"，需要作为人才盘点中的一部分进行汇总体现。

### （三）人才补给不够及时

乡村的人才引进需要参与人才市场的激烈竞争，由于在人才的择业观念中劣势明显，因此人才补给不及时阻碍乡村项目开展的情况时有发生，提升乡村人才供给速度成为乡村振兴推进中的核心组织能力。而在各类人才中，教育、医疗等保障型人才和基层干部人才的补给及时性尤为不足。

除此之外，农业产业专技人才也是需要考虑的重中之重。由于近些年政策性安置的压力下移，大学生较少进入县级涉农部门，致使农技人才队伍只出不进、青黄不接、专业服务水平不高。

### （四）人才培养不够持续

随着乡村振兴各项工作的不断推进，人员能力难以跟上乡村发展的需求也是人才开发和利用的核心问题。虽然乡村越来越重视人才培养，但是人才培养持续性不够，并且培养效果无法真正体现在乡村振兴工作成果上。以乡村基层干部的培养为例，乡村干部由于承担着政策上传下达、产业引领和乡村发展规划等重要工作，其人才培养要求具有针对性、有效性和持续性。目前乡村干部年龄老化严重，学历普遍偏低，部分乡村干部行为习惯和思维方式固化，在乡村振兴中难以充分发挥引领作用。乡村干部年龄老化和学历较低的问题给人才队伍的持续培养带来了挑战。

### （五）人才引导成效不足

虽然各村有引进人才的宣传，但缺少思想观念上的引导，这是造成引才效果不佳的因素之一。对于各类人才来说，投身乡村工作和服务乡村振兴，是个人价值和社会价值达到协调统一的有效路径，可惜这种思想观念目前并不能得到相关人才的广泛认同，需要政府和社会加强引导，但在当前乡村的人才工作中这种引导尚成效不足。在人才观念引导中，思想观念的引导要能够落到实处并产生实效，前提是拓宽人才引进渠道，但乡村现有人才引进渠道较为单一。乡镇公务员和事业单位长期人才配备不齐，编制未满，原因在于考核招聘方法单一。对教育人才来说，按照相关政策要求，新补充的中学、小学教师分别以研究生、本科生为主，但实际上往往只能退而求其次，应给予最能留得住的本土人才特殊的照顾和优惠政策。

## 四、乡村振兴战略下农村电商人才培养的现状与问题

电子商务能扩大信息传播半径，减少农村地区的信息不对称，提高信息流、商品流的流动效率。农村电商的出现拓宽了农村经济发展渠道，增加了农民的经济收益。随着党对"三农"工作领导的不断加强和政策体系顶层设计的逐步完善，农村电商快速转换为乡村

振兴的"助推剂",也进一步促进了新时代下农村电商的快速发展。就目前而言,农村电商发展最大的局限在于人才的匮乏,因此,如何解决农村电商人才短缺问题是破解农村电商助力乡村振兴效率低下的关键所在。高职院校是农村电商人才培养和现有农村电商人员能力提升的主力军,对缓解农村电商人才匮乏有重要意义。

## (一)乡村振兴战略对农村电商人才的需求分析

### 1. 农村电商人才类型需求

农村电商人才需求类型主要有农村电商领军人才、电子商务运营人才、电商服务人才、网络技术人才、电商创新创业人才、项目策划管理人才和农产品跨境电商人才。不同类型的人才对农村电商的开展和促进作用不同,如农村电商运营、服务和网络技术人才是保证农村电商的正常运维人才,而电子商务领军人才、创新创业人才和项目策划管理人才是一类能够正确理解国家大政方针、有效把握农村电商机遇、深入挖掘农村资源禀赋和培育符合市场需求的农业品牌的专业性人才,农产品跨境电商人才则更强调其具有国际视野和跨境电商运营经验与知识。

### 2. 农村电商人才数量需求

据商务部发布数据显示,2015年以来,我国农村网络零售额增长迅速,2020年,全国农村网络零售额1.79万亿元,同比增长8.9%,其中农村实物商品网络零售额1.63万亿元。受制于基础设施不完善、薪资待遇不佳等诸多因素,农村电商生态圈急需的电商专业人才却严重短缺,具体表现在农村70%的人缺少开店知识,另有80%的人反映不会设计网店,90%的人认为当前最大的困难是经营管理和发展问题。因此,需要大量的电商人才以适应农村电商发展的需要。

## (二)农村电商人才供给分析

### 1. 农村电商技能型人才短缺

农村电商人才是发展农村电商的关键所在,对一个地区农村电商的发展起着引领作用。由于国内城市化进程的加快,大部分农村人口流入城市就业定居,一方面是从农村出去的大学生,从学校毕业以后一般会选择在城市里面工作与定居,很少有人愿意再次回到农村务农或者从事农村电子商务的工作;另一方面是一部分在城里务工的人员,由于长期在城市内工作,对城市的就业和教育机会、收入水平及城市的便捷度都已习惯,也会选择留在城市生活与定居。这两方面的人口流失造成了很多空心村的形成,也就是农村人口大多数是老年人和留守儿童,基本不具备从事电子商务的能力,对电子商务这种新生事物的接受能力有限。此外,有一部分已经在农村从事电子商务工作的年轻人,由于农村经济和文化环境都比较落后,就业和教育的机会缺乏,阻碍了年轻人的发展,这也使部分现有的从业人员不愿意长期留在农村发展事业,再加上城市对有能力的电商技能型人才也有很大的需求空间,这也会对农村的电商技能型人才形成虹吸效应,进一步导致农村劳动力的缺失,熟悉农村电商经营的技能型人才就更为短缺。

## 2. 高端复合型人才奇缺

农村电商人才需要对电子商务营销、互联网、信息技术和农业农产品都熟悉的高端复合型人才。这些人才还需要对产品与服务进行品牌建设与营销，能够完成平台研发设计，以及包装设计、电子支付和物流配送等。然而目前农村从事电子商务工作的基本上都是农民，且以老年人和留守儿童居多，文化水平不高，对信息技术和网络营销的学习能力较差，这部分从业人员在进入农村电商行业前并没有接受过专业化培训，对电商这种复合型的工作较难把握。

同时，由于城市对电商高端复合型人才有更强烈的需求效应，这部分人才更容易在城市就业，自然也就不愿意前往农村工作了；并且农村现有的部分高端复合型人才也有可能因为更好的发展机会而返回城市，从而进一步加剧了农村高端复合型电商人才奇缺的现象。

## 3. 农村网络创新创业人才不足

一方面，由于农村现有的电商从业人员文化程度较低，习惯于传统的思维方式和生产方式，缺乏创新创业的技能，加之政府和平台对于农村电商从业人员，或者说农村现有人员创新创业能力的培训或再教育不够重视，受限于经济水平，也无法自主去参与专业化的培训与再教育培训，这就进一步导致农村现有人员的创新创业能力不足。

另一方面，农村电商的主要模式是依托各个平台开设网店销售农特产品或者借助直播平台销售土特产，目前农民的参与度并不高，能够利用电商技术进行创业的人员相对较少，其中能够持续经营或者持续获利的人员则更少。由于网售的农特产品在品牌创意、包装创意和营销手段方面并不成熟，创新性亟待加强。因此目前农民创业成效不显著，没有形成示范效应，便无法进一步激发其他农民的创业热情，导致开展农村网络创新创业的人才进一步减少。

## 4. 农产品跨境电子商务人才稀缺

随着"一带一路"倡议的提出并持续推进，我国农产品"走出去"的需求日益增强，包括大量的农副产品。这就使得广大的农村地区尤其是存在跨境电商业务的农村地区的跨境电商人才稀缺，进一步制约了有出口需求的农村跨境电商业务的发展。

## （三）农村电商人才培养现状、存在的问题及原因分析

### 1. 人才培养现状

我国农村电商人才的培养没有形成统一模式，电商发展不太均衡，东南沿海发展水平较高，而中西部尤其是少数民族地区的农村电商发展较为滞后，电商人才十分匮乏。目前主要存在以下3个方面的问题。

一是现有农村电商培训项目的培训对象太过单一，不能满足产业发展需求。现有培训主要是针对农村的养殖人员、种植人员和农村合作社相关人员以及一些普通农民开展培训，没有从事电商运营推广、物流管理等方面的从业人员参与培训，无法形成人才互补，不能满足产业发展需要。选取的地点一般都在政府部门或者高校，聘请高校的教师来进行

培训。

二是电商培训项目周期较短，培训内容不足。我国现有的农村电商培训主要是以政府、社会组织或平台牵头来组织的短期或初级培训为主，培训的周期一般为1周左右，最多1个月，这种短期的培训对于初步了解电商经营尚可，属于普及性的培训，并不能显著提高从业人员的专业能力。

三是现有培训以集中面授培训为主，线上培训为辅，培训效果欠佳。这就导致部分地区的参与度不高，培训效果欠佳，部分培训采取网络授课模式，可通过在线学习完成培训，但是并未考察培训达到的效果等。

2. 人才培养存在的问题及原因

近年来，随着各级政府扶植农村电商发展的力度不断加大，农村电商迎来重大发展机遇，通过十多年的发展，已经培养出了一批熟悉农村电商运营的从业人员。然而，由于受经济发展水平、教育和就业机会缺乏等因素的制约，农村电商人才的培养与引入还存在一定的问题。

一是培训的规格和层次不高。由于这些培训主要是针对现有的农村电商从业人员，这些人员受限于文化程度和接受能力，只能选择普及性、浅层次的电子商务专业知识，无法进行持续性、系统性和高层次的专业化培训。

二是部分培训以基础理论为主，缺乏针对性。现有的农村电子商务培训主要选取高校老师，或者是城市电商平台的从业人员，这些高层次的人员主要从事电商运营的理论与实操研究，对农村电商的发展、农村经济的发展、农产品的特性不太了解，因此，讲授的内容主要是针对电商平台的使用方法，对农村电商较为重要的客服、美工和推广的实训并不充分，授课内容缺乏针对性，较为宽泛。

三是培训手段单一，相关的实操训练不足。现有的农村电商培训以讲授知识为主，学员们主要以听课为主，动手较少，培训方式传统，并未充分利用职业院校或电商平台企业的实训基地，没有让学员们的培训理论与工作实际相结合，不能有效提升培训效果。导致这些问题的原因主要有以下4个。

一是农村信息化程度比较低，培训对象的专业基础薄弱；部分农村地区，尤其是中西部地区的农村基础设施相对薄弱，信息化程度较低，加之部分农民的专业基础较弱，这也导致了远程教育的实施受到一定限制。由于培训对象基础较为薄弱，也导致其对培训内容的接受度较低，从而严重影响了培训对象专业能力的提升。

二是农村电商的培训师资严重不足。我国农村人口体量大，相对于这么庞大的农村人口来说培训的师资严重不足，现有的电子商务培训师资主要来自高等院校的专业教师、各大电商平台的从业人员、培训机构的专职讲师等，这些从业人员主要集中在城市，很少深入农村开展相关培训，专职留在农村从事电商培训的师资就更是少之又少。

三是对应的实训基地也严重短缺，导致可选的培训手段不多。培训地点主要受到当地条件限制，培训使用的电子设备都配备较少，更别说针对农村电商从业人员培训的专业实训基地，这就进一步导致了培训对象无法理解和掌握培训讲师所讲授的内容。

四是开设电子商务专业的高等院校对农村电商从业人员培训的参与度并不高。由于电子商务是近年发展起来的新兴专业，部分高等院校都还在进行相关专业建设，专业基础薄弱。另外，本科院校建设的电子商务专业多以电商相关的理论教育为主，对于农村电商这种实操性培训并不擅长，因此导致这些高等院校较少参与农村电商从业人员的培训工作，而针对农村电商从业人员的培训主要以应用型本科院校和高职院校为主。

# 第二节　人才质量要求和高职培养方向不匹配

随着产业结构改革和经济改革的深入推进，我国乡村发展的方向了发生了深刻转变，对乡村振兴人才的数量和质量随之也提出了新的要求。而在乡村振兴人才严重不足的同时，各高校普遍轻视实用型人才培养，培养出的人才总体层次偏低、结构不合理、创新思维不够等问题较为普遍，难以很好地满足乡村振兴发展的人才需求。

## 一、乡村振兴战略下农村就业创业现状分析

### （一）乡村发展的人才基础需求

1.乡村振兴战略背景下高职毕业生农村就业创业必要性

乡村振兴的关键在于人，党的十九大报告就提出了要培养造就一支这样的"三农"工作队伍，他们懂农业、爱农村、爱农民。在这样的历史背景下，结合人又是生产力中的第一要素，鼓励和引导高职毕业生农村就业、创业，对于实施乡村振兴战略具有深远意义。

2.农村基层就业创业主要形式

高职毕业生在农村基层就业创业形式有很多，主要集中在以下几类。

（1）村务管理人员

"村官"是大学生担任村务管理职务的主要方式。我国出台的大学村干部这一项目中，吸纳大学生走进农村的各项管理岗位。筛选合格的大学生担任农村的基层管理岗位，使大学生的理论知识与实践相结合，把自身才能投入农村的各项管理事务中，为农民、农村、国家做出贡献。所担当的岗位分别有农村党支部书记的助理、村主任助理以及其他"两委"职务的工作者。

根据《关于建立选聘高校毕业生到村任职工作长效机制的意见》，明确定义了大学生村官及相关岗位的工作职责及内容。2015年《关于深入推进农村社区建设试点工作的指导意见》中，给大学村干部带了新的挑战。由于不断发展变化着的农村社会结构产生了许多新的问题，更加需要基层的管理人员重视农村社会管理以及服务工作，对新农村建设要起带头作用。

（2）公益事业人员

基层公益性的服务事业主要表现为国家的"三支一扶""大学生志愿者服务西部计

划"。"三支一扶"是指大学生到农村从事支农、支教、支医和扶贫的工作。工作时限是2年。工作2年后，自主选择工作，选择工作期间同时享受就业政策优惠。"大学生志愿者服务西部计划"是大学应届毕业生到西部地区贫困的乡镇从事志愿者服务工作，工作1~2年，工作性质为教育、卫生、农技等方面。

虽然类似"到西部去、到基层去、到祖国最需要的地方去"这样的公益性服务事业有一定的时间期限，但是，国家部门不仅为了农村建设的发展需要，同时也是解决大学生就业问题的需要。希望通过这类公益性服务项目，大学生能够通过各种考验留在岗位继续为农村建设服务，体现自身价值，完成自己的使命。

（3）现代农业技术推广人员

现代大学生不仅具备一定的科技文化知识与实际操作技能，现代农业所具有的新知识、新技术、新产品已经在农村地区广泛传播，一些具有高科技成分的新品种、机械、农药、肥料、疫苗、兽药等也进入广大农村。现代农村技术推广人员是国家投入的新人才，涉及领域有绿色环保、园林、花卉、蔬菜、水产、纯净水、农作物、绿色产品等方面，将生产以及旅游同电商结合起来发展成为现代农业。

随着农业商品化、规模化、机械化的逐步形成，大学生从事现代农业技术推广人员的条件成熟，同时也是培育新型农业生产的主体，大学生从事种植与养殖，不仅为农村的发展注入了新鲜力量，而且成为农业发展的有力保障。

（4）自我创业人员

自我创业人员主要是现代农业的生产者和从商者。大学生拥有全新的知识体系，有可贵的探索创新精神。农业的规模化和生态化都需要大学生人才的投入。对新农民的要求不断提高，文化技术等方面都需要重新定义。农业的现代化也是农村的新时代。农村对商贸物流、文化娱乐、技术咨询培训等都有了巨大的需求，这为现代农业从商者提供了很好的机会。国家通过各项优惠政策，引导大学生自身投入到农业发展的事业，成为现代农业的新生产者。

大学生农村创业获得了国家很大的扶持，比如为其创立"高校毕业生创业资金"等。在国家的政策优惠扶持下，吸引了更多满怀抱负的大学毕业生。例如，"80后"大学生农村创业代表苏国飞毕业后，投身到现代农业中，通过不断的努力创办了农业科技有限公司。在榆林毛乌素沙漠边缘地带承租5500亩土地，通过"土地流转和合作社＋基地＋农户"的农业产业化模式，发展现代高科技农业，不仅带动了农民致富，使农业进入了生态绿色环保境界，也促进了就业和公益事业的发展。

3.农村基层建设人才需求

乡村振兴战略提出后，乡村功能从单一的物质供给功能，逐步转变为提供物质供给，同时延伸到非物质供给，从单一的物质输出转变为非物质输出。乡村不仅具有物质供给的功能，还具有文化传承等功能。乡村是一个与城镇相辅相成的区域综合体。乡村和城镇共同构成了人类活动的主要空间。它的主要特点包括自然、社会、经济等，结合了多种功能，包括生产、生活、生态、文化等，将乡村的关键标签设定为"地域综合体""人类共同的主要空间"和"多重功能"，既继承了"乡村"的本义，又兼顾了它的时代特征。"乡村"一词含义的变迁，其实也在显示着它发展需求的变化，其含义主要包括自然属性、文化属性、社会属性、经济属性、城乡关系5个变化。

（1）自然属性

"生态环境是关系党的使命宗旨的重大政治问题，也是关系民生的重大社会问题。""生态"是党的十八大以来，经济社会发展的最大焦点。人民群众迫切需要生态环境质量不断提高，生态文明建设不断深化，更多优质生态产品选择。置身于工业化和城市化当中，我们可以通过物流快递，方便快捷地购买到远距离的农副产品，但对于青山绿水、自然田园的需求，则需要由距离较近的农村作为主要来源提供，这也就意味着，保护乡村的"自然""天然"是乡村发展的需求之一。

（2）文化属性

说起乡村，很多人会不自觉地联想到"野蛮""文盲"，其实，文化是乡村的灵魂。回顾历史，我们发现，知识的主流和主体，不仅仅在朝廷、城市和庙堂，还存在于民间、乡村和江湖。尤其是改革开放以来，工业化、城市化进程加速推进，农民进城的过程中，乡土文化像源泉一般不断向城市文化输入。恢复乡村定义中的文化属性，是我们深入挖掘农耕文化蕴含的深刻内涵，包括优秀思想观念、人文精神、道德规范的有效方式，有利于推动乡村文化振兴，在保护中传承，在传承中创新，建设文明乡村。

（3）社会属性

乡村本身就是立体完整的社会，不仅仅是城乡劳动力的生产场所。在乡村定义中明确其社会属性，是现代乡村治理体系构建的基础，有利于振兴乡村组织、保障和改善农村民生，打造充满活力、和谐有序的善治乡村，提升农民群众的获得感、幸福感、安全感。

（4）经济属性

随着工业化的进一步发展，用"经济特征"替代单一的农业特征是必然的。人力、畜力被资本替代，农业分工分业进一步深化，工业化的大量成果对传统农业领域产生了巨大影响。农村经济的内涵因为农业的变革变化而大大拓宽，农村产业的兴旺也由此凸显。及时更新乡村经济的定义，把符合新时代特征的内容纳入其中，有利于深化农业供给侧结构性改革，深入推进现代农业体系的构建，提高农业现代化进程速度，包括产业、生产、经营体系，深化农业发展质量、效益和动力的改革，注入不竭动力提高农业创新力、竞争力，从而提升全要素的生产率。

（5）城乡关系

扩充乡村定义中关于城乡关系的部分，对实现乡村振兴和新型城镇化双轮驱动意义重大，统筹城乡国土空间开发格局，优化乡村生产生活生态空间，可以使城乡共同构成人类活动的主要空间，使两者互促互进、共生共存，美丽乡村的打造指日可待。根据"乡村"一词内涵的变迁，可以看出乡村已经改变了其原来单一的功能，也在显示它发展需求的变化。事实上,这一转变对实现乡村振兴所需的人才提出了新的要求和挑战——乡村发展振兴不再仅仅需要农业技术人才,而是多样化的人才,以满足乡村自然、文化、社会、经济、城乡发展等方面的多样需求。

### (二)农村就业创业政策

大学生农村创业政策范围广、扶持力度大,其初衷是激发大学生农村创业的欲望,为大学生农村创业提供保障和支持。但政策应用过程中受到政策措施可操作性不强和落实难的现实问题制约,政策的落地效用并不显著。加之,创业本身是一项复杂工程,如何契合大学生专长是政策制定和应用过程中需要重点考虑的问题。

1. 大学生农村创业政策应用现状

近年来,国家非常注重大学生农村创业,特别是根据大学生农村创业一系列的政策支持,同时各地也根据国家相关政策要求落实了相应的配套措施,为大学生在农村创业提供了具体指导,例如,江苏省针对大学生创业出台了《关于支持大学生村官发展现代高效农业的若干意见》,文件中从大学生村官创业实际角度出发,针对大学生创业给予了具体的指导意见,并且细化了大学生村官创业的支持措施;安徽省也出台了《关于大学生到农村创业创新的意见》,从安徽省实际出发,为大学生创业创新提供了相应的政策支持。这些政策措施既有针对大学生农村创业的融资制度体系,也有针对大学生农村创业的税收减免和融资担保政策。针对大学生创业提供的创业培训和扶持措施,为大学生在农村创业营造了良好的政策环境。

(1)大学生农村创业政策的主要内容

我国针对大学生农村创业所出台的政策主要分为以下几类:

一是税费减免政策。国家明确提出,对于符合个体经营条件的大学生创业主体可以免征事业性费用,同时各地在国家出台的政策基础上还出台了相应的税费减免标准,虽然政策力度有所不同,但这些政策确实触动了大学生创业的积极性,同时通过这些政策的落实也让大学生在创业过程中减少了压力和负担。

二是政府融资担保政策。国家明确要求对于高校大学生创业自筹资金不足的,按照相关标准大学生可以向本地相关部门申请不超过 5 万元的小额担保贷款,这些担保贷款主要用于大学生创业。

三是创业园和创业基地扶持项目。各地针对大学生创业出台了一系列的扶持项目,不仅为大学生创业提供了舞台,有利于发挥大学生的所学所长,通过创业园和创业基地,大学生不仅可以免费获得创业指导,同时创业园和创业基地也为大学生创业提供了诸多便利条件。

四是户籍优惠政策。很多地区针对大学生农村创业,在户籍政策上给予一定的支持,新创业的大学生户口可以保留在原籍,也可以根据大学生意愿迁往创业所在地,并且保证大学生创业来去自由。

（2）大学生农村创业政策的落地情况

虽然各地出台了诸多鼓励和支持政策，但从当前政策落实情况以及大学生创业具体现状看，很多地区的政策并没有发挥其应有作用，具体问题主要表现在以下几方面：

首先，政策缺乏可操作性。当前国家针对大学生农村创业政策，一般是从原则层面或宏观层面制定的措施，而各级地方政府在落实上级政策时，很多时候都是照搬照抄，没有结合本地大学生到农村创业具体需求对相应的配套措施进行细化，导致很多实施办法都缺少可操作性，在具体执行过程中难以发挥政策应有作用。例如，商业银行在对大学生小微企业进行贷款时，其自身也有一定的操作流程，大学生能否获得创业融资，还存在较多的不确定性因素。

其次，政策落实缺少有效监督。虽然地方政府针对大学生农村创业出台了不少优惠政策，但这些优惠政策在落实过程中缺少有效监督，政策难以执行或落实混乱。加之在贯彻落实过程中缺少有效的监督主体，导致很多部门在政策落实过程中走样变形，没有发挥出政策应有作用，很多政策仍然停留在政府文件或基层部门，政策落实"最后一公里"仍然没有打通，大学生在农村创业能够享受的政策十分有限。

2. 大学生农村创业政策与学生专长的契合情况

在影响大学生农村创业政策落地的各项因素中，政策内容及应用契合学生专长是最为重要的因素。而当前大学生创业政策的积极效应不明显，其中一个很重要的原因在于，现有政策与学生专长的契合度不高。

（1）现行大学生农村创业政策难以充分发挥大学生专业优势

第一，政策设置门槛过高。针对大学生农村创业政策，还有一些地区设置了不少限制条件，导致大学生在创业过程中很难享受到这些优惠政策，一方面，部分地区对大学生创业者从事的行业进行了限制。例如，大学生创业者不能从事广告、建筑、网吧等行业，很多政策只针对服务业、餐饮业、交通运输业，但这些行业需要的社会资本相对较高，一般大学生难以投入其中。此外，还有商业银行在贷款方面也设置了诸多限制条件，在贷款过程中一般都需要大学生创办的企业提供一定的担保抵押物，但大学生创业刚刚起步，很少能够拿出足够的担保抵押物来进行贷款。此外，还有的大学生创办企业在登记过程中需要带齐身份证、毕业证、就业报到证原件等，但对于创业的大学生而言，本身没有就业单位开具就业报到证，如果以大学生就业作为创业的先决条件，很少有大学生符合创办要求，由于政策设置得不合理，很多政策优惠难以真正惠及至大学生创业群体之中。

第二，政策的宽幅振荡作用不明显。在政府引导之下，各个部门针对大学生农村创业都给予了一定的政策倾斜。从现实情况看，真正利用政府创业政策成功的案例却相对较少，整个创业活动在社会上的影响力十分有限，并没有形成示范效应和规模效应。从创业领域和创业意愿看，很多大学生创业者都希望在农村从事IT行业、咨询产业等智力密集型产业，但在实际创业过程中，由于政府政策引领很多大学生不得不从事服务业。同时还有部分大学生在创业过程中对相关的财税政策了解不多，在创业过程中对自身期望较高，但由于缺乏财务管理经验，企业经营管理理念和市场风险意识，导致在创业过程中困难较多，甚至有些大学生在创业过程中血本无归。究其原因，一方面，由于大学生自身能力有限；另一方面，政策对大学生到农村创业的支持力度不足，政策宽幅震荡作用并不明显，导致大学生从事的很多行业并不是自身的专业特长，难以发挥大学生的专业优势。

第三，政策影响的渗透力有待提升。从当前看，政府针对大学生农村创业的各项优惠政策宣传力度还不够，整个社会还没有形成支持大学生到农村创业的社会氛围，特别是很多有意愿到农村创业的大学生对各地的农村创业优惠政策了解不多，同时这些政策也没有对大学生群体产生正向的激励和带动作用，政策影响的渗透力没有发挥出来。此外，一些高校更支持大学生就业，对于大学生创业还缺少系统的理论指导，课程设置实践环节相对较少，很多课程都是生搬硬套以前的成功创业经验，创业教育培训缺乏针对性和有效性。究其原因，一方面，由于政策影响的渗透力不强；另一方面，各级地方政府对于高校创业教育支持力度不够，特别是地方财政部门，对于高校创业培养给予的财政拨款相对较少，很多高校在开展创业课程时，由于缺少相应的政策资金，导致创业课程缺少系统性和连贯性，也在很大程度上影响了大学生创业能力的提升。

（2）大学生返乡创业所选领域与自身专业不对接

大学生的城市创业和在农村创业还存在一定的差距，与城市相比，农村创业科学项目相对较少，很多创业项目都与自身的专业关系不大。通常情况下，大学生回到农村创业，一般都以中小企业作为起步，由于中小企业规模小、竞争能力低，一旦遇到大企业的冲击或是市场波动，会对大学生创办的中小企业产生致命打击，一旦失败不仅会打击大学生返乡创业信心，怀疑自己的创业能力，进而在创业过程中也会更加迷茫。究其原因，一方面，很多大学生在农村创业，本身的社会关系和社会背景就相对较弱，加之沟通能力、表达能力、组织协调能力、市场洞察能力相对欠缺，能够获得的资源十分有限，导致在创业过程中难以获得家庭和社会足够的支持；另一方面，与大学生所选领域自身专业不对接也有直接关系，很多到农村创业的大学生所学的专业与自己所创业的领域关系不大，甚至部分农村大学生在创业过程中，更多的是依靠父母遗留下来的资源和产业在进行创业，但由于大学生对这些创业领域并不了解，给后续的创业活动埋下了隐患。

## 二、乡村振兴战略下职业教育助力农村人才培养的困境

### （一）高职院校人才培养质量现状及分析

高职院校作为新农村建设人才培养的主要力量，担负着培养各级各类高技能、实用性、复合型人才的重担。在建设新农村的历史进程中扮演着极为关键的角色，对于改善农村人力资源现状发挥着决定性作用，高职院校的人才培养质量问题应引起高职院校管理者足够的重视。

现阶段，影响高职院校人才培养质量的因素有两个：一是高职院校承担教学任务的专任教师；另一个因素是高职学生。大多数高职院校为追求经济效益最大化，尽量不开设或

少开设涉农专业，导致涉农专业教师在教育市场上不受欢迎，教师专业知识无用武之地，更谈不上深造学习。因此，职业院校涉农专业教师队伍中双师型教师的比例很低，无法适应现阶段高职教育服务新农村建设的要求。目前的涉农专业教师理论知识虽然有一定的水平，也仅仅停留在书本上，对农村经济结构调整、环境保护、农业产业化、农村现有资源的开发利用没有进行实地的调查研究，也就无法培养出新农村建设所需的人才。

因此，作为高职院校应更新教育观念和办学理念，重视涉农专业教师的引进和培养，提高涉农专业教师地位和工资待遇，特别注意引进从农村实际工作中锻炼成熟的专业教师，建立一支理论知识扎实、实践技能过硬的双师型教师队伍。对于影响人才培养质量另一个因素——高职学生。有的高职生进入学校后，受环境的影响和同学们的歧视，强烈要求转换专业，将涉农专业改为非农专业；有的同学虽然没有转换专业，但学习积极性不高，精神萎靡，主要目的不是学习专业知识，而仅仅是为了混一张文凭，毕业后从事非农工作。鉴于此，学校社会应给予他们足够的认同感，创造环境机制鼓励高职生毕业后回农村就业，施展技能，积极为新农村建设服务。

## （二）高职院校校企合作现状分析

高等职业技术教育突出的是职业、技术两层含义。必须对学生进行必要的职业教育，高职生才能成为一名合格的劳动者。必须依托校外企业对学生开展必要的培训学习。现阶段，高职院校在人才培养上，重理论轻实践的现象比比皆是，有的职业院校连相应的实习教学基地也没有，更谈不上校企合作办学。高职院校要把校企合作贯穿于招生、人才培养、学生就业的全过程，进一步提高校企合作的层次，努力构建多样化、多方位、多层次的校企合作平台，形成学校—企业—社会"三位一体"人才培养模式。

1. 学校方缺乏专业能力强的教学资源

在校企合作上，针对企业做对应的人才培养，但是在师资力量上缺乏专业性。企业所需要的人才具有多样性，学校教师资源上需要教师精通专业理论和实操知识，同时要针对企业运营情况做充分了解。但是实际上，教师部分来自企业离退人员，具有丰富的工作经验，但是缺乏理论知识和知识的提炼能力，部分教师来源于理论院校毕业人员，缺乏实际企业工作经验，因此更多属于照本宣科，兼具理论与工作经验的综合型教师人才在一定程度上处于匮乏状态，从而制约学生的能力提升。由于高职院校自身教师福利待遇等情况的制约，导致高职院校在教师等人才资源的引进上存在一定困难。

2. 企业缺乏长久而健康的生命力

在校企合作中，学校为了完成校企合作的工作指标，因此在企业的筛选上缺乏严谨性，甚至部分企业缺乏长久的生命力，对于学生的就业福利待遇缺乏较大吸引力，从而导致大部分学生毕业后不愿意到企业就业。而对于大多数的名气企业，在人才的招揽上，对于高职院校人才缺乏足够兴趣，这也导致学校在校企合作上只能局限在普通企业。同时由于学校专业情况制约，对口的企业较少，进而导致企业选择空间更小，降低了校企合作的质量。

### 3. 学生方对校企合作的高要求预期

在校企合作上，大部分学生对于企业有更高要求，如果企业自身缺乏足够的品牌影响力，一般学生不愿意参与对口的合作企业实际工作，进而导致在毕业后有针对性培养的学生不愿意参与到校企合作链条中。一般学生在薪资待遇、企业发展上有一定要求，不仅是学生方，学生家长也对企业的品牌有一定的心理预期要求，进而导致校企合作存在一定的推进困难。

## 三、乡村振兴背景下大学生开展创新创业的劣势分析

### （一）大学生对乡村振兴与大学生创新创业的融合思想认知不足

在当下发展过程中，由于高校对于大学生在乡村振兴和大学生就业创新两个层面的教育引导不够充分，因此很多大学生对于这两部分内容没有产生深切的认知，甚至会产生一些错误的想法。乡村振兴背景下，大学生创新创业活动要求大学生不仅仅需要对这两个环节有完整的认知，还要求大学生能够具备较为优秀的综合实践能力、抗打击能力、风险评估能力，但是经过分析之后发现，当下教育实践结合过程中，存在着明显的不足，很多大学生不具备这些素质和能力。这将会导致大学生创新创业较为困难，极大地影响了大学生回乡创新创业成功率。

### （二）大学生到农村参加创新创业活动准备不足

在乡村振兴战略实施过程中，对于大学生到农村创新创业的社会环境有所改善，但是大学生在农村创新创业能获取的社会资源依旧缺乏。大学生从高校来到农村，在农村没有积累丰富的人脉资源，难以促成资金链、资源链的有效形成，在农村创新创业所需的资金不足，导致大学生农村创新创业项目失败。受政策的引导，大学生到农村创新创业可能只是一时兴起，对于农村创新创业环境并不了解。近年来，农村基础设施建设有所完善，但是农村公共服务体系并不健全，大学生农村创新创业的硬环境和软环境都欠佳，农村创新创业环境对于大学生的吸引力较弱。

### （三）高校缺乏大学生乡村振兴和创新创业融合教育理论和实践课程

在"大众创新，万众创业"的时代背景下，各高校积极响应国家政策，对大学生的创新创业教育的重视度有了很大改善，高校在课程体系的设计中加入了创新创业教育课程。但是由于我国大学生创新创业教育起步较晚，高校在探索创新创业教育过程中出现了认知偏颇和误区，还存在着和专业教育脱节、教学以理论为主，教学模式单一，学生缺乏真实创业情境等问题。创新创业课程教学师资专业化队伍基本由双创通识教师或辅导员兼职授课，师资在乡村振兴政策的解读能力和涉农行业及产品市场的了解度都存在能力的不足，较难在传统创新创业课程体系结合乡村振兴战略进行创新创业知识的再生产的研发能力。

基于此，高校并未将乡村振兴与大学生创新创业在理论和实践层面进行充分结合，这导致大学生对于乡村振兴战略和我国三农经济缺乏深刻的理解，也难以有效开发整合家乡的农特产品资源。在创业实践中，大学生也存在包括资金、资源以及创业技能和经验不

足，比如制订目标的能力、实施决策的能力、营销能力、社交能力和革新能力，这需要高校提升创新创业教学水平和搭建创新创业实践平台，也需要各方共同营造氛围和创造条件为大学生回乡创业保驾护航。

### （四）师资队伍建设滞后

乡村振兴战略实施中一直备受人才"瓶颈"的制约，特别是乡村产业振兴中的职业技术人才匮乏尤为明显。职业教育的教师队伍建设是培养乡村振兴所需职业技术人才的母机和引擎，也是彻底解决乡村振兴中人才危机问题的关键举措。但乡村振兴中的职业教育教师队伍建设一直处于滞后发展的现实境遇中。

1. 教师队伍建设在职业教育服务于乡村振兴中的重要性

职业教育如何服务于乡村产业振兴问题迫切需要解决，但面对这样的发展格局，职业教育的教师队伍建设还未能引起相应的制度性重视或学理性关注。乡村振兴战略越深入推进，职业技术人才贫乏问题越突出，教师队伍建设的地位与作用也就越凸显。

（1）教师队伍建设是职业教育与乡村振兴目标契合的关键举措

一直以来，职业教育在乡村社会发展中处于弱势。一是由于乡村职业教育不具有基础教育的公共性，在资源有限的前提下乡村基础教育的发展与振兴具有优先发展性。二是因为职业教育本质上所具有的对经济发展和技术水平的高度依赖性特点，使得乡村社会的职业教育既缺乏行政力量的支持，也缺乏自身赖以生存所需的各种外部条件，比如经济资源、技术资源、劳动力资源等。

乡村要振兴，教育要先行，且人才是基石。长期的城乡二元结构发展方式，以及在教育体系中一直秉持的"离农"性价值定位，使职业技术人才"返农"面临诸多困境，也增加了解决乡村振兴中人才缺乏"瓶颈"问题的难度。服务于乡村振兴的职业教育历史使命就在于如何基于乡村社会场域培养职业技术人才，且使人才愿意"返农"并在农村"建功立业"。乡村振兴旨在通过产业振兴促进乡村社会发展，其三个具体目标（产业振兴目标、人才振兴目标和乡村社会发展目标）实现都需要职业教育为其提供源源不断的人才。职业教育与产业升级或技术变革之间的联系最紧密，也最直接，人才振兴目标则是产业振兴目标与乡村社会发展目标实现的关键桥接点。

如果没有一支服务于乡村振兴的职业教师队伍，将很难培养实现乡村振兴目标所需的各类职业技术人才，乡村振兴就如同无源之水，要么流于形式，要么一直停留于低级或初级状态，无法实现真正的创新和变革。所以，职业教育的教师队伍建设既是职业教育服务于乡村振兴的基本前提，更是职业教育与乡村振兴目标保持契合的关键举措。

（2）教师队伍建设是职业教育优质高效服务于乡村振兴的重要保障

职业教育的发展历史中，乡村社会一直处于缺位状态。职业教育兴起于工业革命时期，其发展、兴衰等都与工业文明发展密切相连，且职业教育与科技进步之间也是相互促进、共同发展的，因此，不同经济发展水平的区域之间其职业教育发展程度也存在明显差异。职业教育兴盛是在城镇化的进程与变迁中实现的，其目的是为城市生活需要、城市社会发展或企业技术革新等培养各类应用技术型人才,职业教育教师队伍建设也服务于职业教育的这个基本职能。但服务于乡村振兴的职业教育明显缺乏这种可以依赖的社会环境条件与经济条件,与职业教育传统发展历程所需的资源或可利用的资源相比也存在较大差异。"中国农村职业教育正遭受着办学方向之惑、办学层次之限、专业设置之钝、培养质量之弊、信息获取之隔、分割管理之锢的时代困境。"

首先,我国城乡二元结构的多年发展格局导致农村社会一直面临人口少、工业落后、工厂稀少等现状。其次,农村人一直受到入城、入仕等思想影响,农村学校教育机制也一直备受"离农"教育壁垒的桎梏,不少农家子弟坚定地秉持着"离农"价值观。服务于乡村振兴的职业教育面临着平台少、基础乏、资源缺等残酷而客观的社会环境现实。新的时代机遇又赋予职业教育需培养能够给农村产业结构更新和发展带来新气象、新思想、新作为的新型农村职业技术人才的历史使命,这时,职业教育教师就需承担传播知识、培养技能、健康学生身心的历史责任,那么相应的队伍建设就显得日益重要,这是职业教育服务于乡村振兴的内在人才基础。

在严峻的客观现实面前,尤其不能忽视任何教育之本皆在教师。此时需基于对客观现实的理性分析,着眼于培养目标的理智判断,建构不同于城市社会结构背景与产业结构基础的乡村职业教育教师队伍体系。特别是要在全面、系统、客观地分析乡村社会结构与要素、乡村产业基础与条件、乡村职业技术人才理念与技能等基础上,明晰服务乡村振兴的职业教育教师队伍建设的质量规格、考核评价、培训发展等具体内容,从而有针对性地解决服务于乡村振兴职业教育教师队伍建设的主要问题与关键难题,全面提升职业教育服务于乡村振兴的质效。

2. 基于教师专业标准的专业化教师队伍

任何一支教师队伍建设都需基于专业性职业的目标定位,服务于乡村振兴的职业教育教师队伍建设目标定位同样如此。基于这样的价值限度,在专业主义视角下确立服务于乡村振兴职业教育教师队伍建设的专业标准,从专业理念、专业知识、专业能力等维度确定目标、定位要求。

(1)专业理念中融入乡土情怀

教师专业理念是教师价值观的直接体现,也是决定教师行为的核心动力,体现了教师对本职工作的热爱并愿意基于这份热爱做出某种积极的行动调整或改善。在乡村社会的传统结构中,家庭结构是基本单位,由家庭结构再逐渐延伸为家乡情怀与国家情怀,服务于乡村社会职业教育的教师首先需具有这样的家国情怀,这份情怀又深深根植于家与国的关系纽带———乡土社会中,因此这种家国情怀具体表征就是乡土情怀。乡土情怀指的是"不同血缘的'同乡共土'的人,因为居住地的联系、日常生活中的朝夕相处,形成了共同的价值观、共同的历史记忆、共同的生活习俗等"。有了这种乡土情怀,教师才会对来自乡村社会的职业院校学生产生亲近感和亲切感,广大服务于乡村振兴的不同教师群体之间才能建构有效的专业共同体。对教师来说,这种乡土情怀至少表现为能够知道乡村社会的基本生活，能够熟悉乡村社会的生活习惯与生活习俗，并在此基础上客观判断乡村振兴中职业院校学生的各种身心特点，能系统分析开展乡村职业教育时可利用的各种乡土资源，全面把握乡村振兴中职业教育的目标与方向，以此为基础开展课程资源收集、课堂教学设计、学生学习评价等。教师具有乡土情怀，才能培养职业技术人才具有在乡村社会的坚守意志与品质。乡土情怀也是服务于乡村振兴职业教育教师队伍"双师型"结构的基本内涵，这种"双"既体现在理论知识学习与技术能力养成之统一上，更体现在对乡村社会的热爱与乡村社会振兴的责任感之统一上。因此，乡土情怀是服务于乡村振兴职业教育教师队伍建设的基本专业理念，是教师愿意持续为乡村振兴做出努力，实现持续专业成长的内在动力。

（2）专业知识中融入乡土资源

专业知识储备是教师能够胜任教学工作的基本前提与保障，一般来说，包括教育知识、学科知识、学科教学知识和通识性知识等。在职业教育教师的专业知识储备中融入乡土资源是在乡村振兴的大背景下，顺利实现职业教育服务于乡村振兴人才培养目标的关键。

长期以来，乡村社会职业教育既受到工业经济与科技发展的强烈冲击，又受到城镇化进程中农村社会资源（特别是人力资源）日益减少的严重挤压。在以传统农耕社会结构为基础，且各种产业结构与文化基础又在不断被消解的农村社会现实面前，职业教育的培养目标转为"主要聚焦于农村劳动力转移培训、新型农民（有文化、懂技术、会经营）培育和基础能力建设三大工程"。此时的人才培养目标需植根于乡村社会生活真实场域培养乡村农民致富的带头人与领头兵。这样的人才"不靠'一背太阳一背雨'的'刀耕火种'原始劳作，而是要靠有智慧地生产、加工技能，也会运用互联网技术进行远程的、期货式的经营，这是基于农村的创新创业，将是乡村振兴的不竭动力"。

但实现这个目标的根本前提和基本路径都是所培养的人才能充分利用和开发乡土资源，因为任何时候乡村振兴的场域都在乡村，乡村振兴中的资源主要源于乡村场域中的资源。乡土资源承载着乡村社会的生活、文化、习俗的变迁历史，乡村振兴的前提是要利用好、运用好或开发好乡土资源。

事实上，乡村社会中的乡土资源非常丰富，既有地理资源，也有历史文化资源，甚至随着乡村振兴的逐步推进与深化，乡村社会中的劳动力资源也在日益增加。在此基础上，乡村振兴的根本目的还在于要实现乡村社会中各种资源特别是人力资源的良性发展，避免各类资源单向度流向城市。这就需要职业教育教师将乡土资源有效地融入自身的教育知识、学科知识、学科教学知识及通识性知识中，不仅具备夯实的乡土资源相关知识，还要具有精深的乡土资源开发、创新、循环利用等知识，以及如何有效将这些知识传授给职业院校学生或当地乡民的知识。

（3）专业能力中融入产业振兴能力

教师专业能力包括教学设计能力、教学实施能力、班级管理与教育活动能力、教育教学评价能力、沟通与合作能力、反思与发展能力，这种专业能力要求主要体现在教师的课堂教学活动中。产业振兴是乡村振兴的关键，由于乡村社会的产业主要是农业，因此产业振兴主要指农业振兴，即实现农业现代化。

乡村社会的传统农业结构中存在诸多问题，"我国农村符合现代农业发展的基础设施建设还不完善，规模经营不够，农业发展后劲不足；农村人才相对匮乏，人才外流严重，外出务工人员返乡积极性不高，缺乏具有一定专业知识、一定技能、一定产业发展带动能力的人才队伍，农村活力不够；农村产业发展同质化竞争普遍，热门产业缺乏必要规划研究，一拥而上现象较为突出"。有着几千里历史积淀的乡村农业况且如此，如果要在乡村振兴中注入并发展第二和第三产业，其难度可想而知。

职业教育所培养的乡村振兴人才一定是具有较强产业振兴能力的技术型人才，这一点也决定了职业教育的教师须具备专业性的乡村产业振兴能力。首先这种能力具有可传授性，其次还需具有引领性和超前性，这是基本的价值导向。如果说要为专业化教师队伍建设中的专业能力维度建构标准的话，那应是以乡村社会既有产业结构为基础，实现农村产业结构向现代农业升级，即围绕现代农业相关产业体系建构所需能力都应是教师最基本的专业能力，也包括引领乡村社会的生产形态优化发展以及乡村人口的生活状态发生变化的那些能力，比如医疗、垃圾处理等相关的技能也应成为服务乡村振兴职业教育教师队伍建设的专业能力范畴。

3. 乡村振兴中的职业教育教师队伍建设滞后的表现

师资水平是高职教育发展的决定性因素，目前，许多高职院校师资队伍建设情况差强人意，远远无法满足职业教育需要。具体表现在：

第一，教师结构不合理，"双师型"教师短缺。许多教师直接从大学毕业后分配到高职院校任教，缺乏企业专业工作经验，在教学过程中对专业实践教学驾驭能力不足。

第二，师资队伍建设制度不完善，尤其缺乏教学激励制度和师资再教育制度。没有教学激励制度，导致教师竞争意识不强，生产技术和教学技能方面的创新不足，甚至出现怠教怠学现象，这制约了教师职业能力的提升；没有师资再教育相关规定，教师没有机会外出专业培训、进企业实践锻炼，导致教师对行业新动态、专业新知识、专业新技能等掌握不足，这制约了教师岗位技能提升。

## 四、乡村振兴战略视角下返乡大学生创业的问题分析

乡村振兴战略的积极实施为返乡大学生创业提供了新的机遇和契机，返乡大学生创业是全面实现乡村振兴战略的重要力量。以创业带动就业，不仅能增加农民收入，还能促进农村经济发展，从而为社会主义新农村建设注入新活力。然而返乡大学生创业却面临着资金不足、技术缺乏等问题，制约着返乡大学生的创业进程。

### （一）返乡大学生创业特色

近年来，在"互联网＋双创"背景下政府出台一系列鼓励支持返乡创业的政策文件，

如2015年的《国务院办公厅关于支持农民工等人员返乡创业的意见》，2016年的《国务院办公厅关于支持返乡下乡人员创业创新促进农村一二三产业融合发展的意见》等，并随着乡村振兴战略的积极实施，我国返乡大学生创业人数激增。据农业农村部统计，2019年全国返乡入乡创业创新人员已达850万，在返乡创业创新人员达3100万。其中，返乡大学生的占比不断升高，已逐渐成为返乡创业的主体人员，为推进农业供给侧结构性改革、活跃农村经济发挥了重要作用。我国返乡大学生创业有如下特色。

1. 返乡创业领域多样化

返乡大学生是受过高等教育的知识分子，视野宽广，思维敏捷，容易接受新事物，不再局限于传统思想的束缚，对于农业创业有自己独特的见解，不再局限于传统农业。他们充分利用互联网思维，将互联网技术与农业相结合进行创业，但又不局限于农业，还有旅游业、养殖业等行业，创业领域多元化、丰富化。

2. 以自主创业和家庭创业为主

大学生之所以返乡创业，一方面是因为国家政策的大力支持，另一方面是其家庭条件的优越性，正是因为家庭启动资金支持，大学生才能够返乡创业，并且由于返乡大学生缺乏创业经验、知识技术较为单一且人力资源不足，致使返乡大学生的创业类型多为自主创业或家庭创业。返乡大学生整体数量不多，且较为分散，以整合多技术、人才为主的团队创业则较少。

3. 创业规模小而散

返乡大学生因缺乏创业经验，技术、资金不足等原因的限制，创业企业的规模普遍偏小，并且较为零散，不具有产业化和规模化规模，并且创业时间较短，创业时间在1~3年，大部分为初期创业者。基于以上分析可知，我国返乡大学生创业尽管取得了一定的成绩，对于乡村振兴战略的实施具有一定的推动作用，但是仍然存在较多的问题，制约着返乡大学生创业的进程。

## （二）返乡大学生创业存在问题分析

1. 缺乏创业所需资源

创业资源对于创业来说是必不可少的。对于返乡大学生来说，资源约束一直是困扰他们的创业难题，这些资源主要包括资金、技术、市场、运营等。创业资金不足是制约大学生创业的最大难题，这是因为返乡大学生刚走出校门，资金累积不足，并且大多数来自农村，是农二代群体，家庭基础相对薄弱，无法为返乡大学生创业提供充足的资金。尽管关于大学生返乡创业有很多贷款优惠政策，但是因创业过程充满各种不确定性，创业失败的危机感和负债感使他们不在最后关头不会贷款，且贷款金额较小，无法满足实际创业过程的需要。技术缺乏也是影响返乡大学生创业的重要因素之一，技术是创新的源泉，也是在激烈市场竞争中脱颖而出的关键。由于返乡大学生创业是在农村地区进行的，知识结构不合理，缺乏专门技术人才，不能满足返乡大学生创业的实际需求。另外，由于人力资源的限制，市场运营管理等方面也受到了限制，致使大学生创业的进一步发展受到了约束，阻碍了创业进程的推进。

2. 创业类型同质化严重

返乡大学生创业领域较为集中，同质化现象较为严重，创业的行业主要集中在第一、三产业，如养殖、乡村旅游、教育、农副产品种植与销售、餐饮等行业。因此，创业类型的集中性必然导致返乡大学生创业项目缺乏特色，创新性不足，同质化严重必然会引发恶性竞争，市场壁垒不断提高，使创业淘汰率大大增加，进而导致创业成功率较低，打击返乡大学生创业的积极性。另外，同质化的创业项目，必然会生产出大量的产品，致使市场容量加大，会破坏市场长期形成稳定的秩序，不利于乡镇经济的稳定发展。

3. 创业素质与经验不足

创业不仅需要外部环境与资源的优越性，还需要创业者自身具备较好的创业素质，以及丰富的创业经验。创业素质是创业者在开展实际创业活动中所具备的身体、心理、知识、能力等方面的素质。但是，就目前来说，返乡大学生的创业素质和创业经验都存在不足，无法支撑其在创业过程中的实际需要。在创业素质方面，返乡大学生所具备的创业素质仅来源于学校的创业教育培训，但是创业教育在目前高校的教育类型中属于通识型课程，并未将创业教育作为一种专业化教育进行传授，仅仅肤浅地传授关于创业的基础理论知识，并未深入传授创业的技巧、技能等知识，并且未涉及返乡创业这一类型。另外，创业教育的理论与实际相脱节，大学生无法得到足够的创业实践训练，这就致使返乡大学生的创业素质存在不足。另外，由于大多数大学生在返乡创业之前并未接触过创业，并且有较少的工作经历，且大多数工作涉及家教、代课、促销等工作，这些工作与创业活动的关联性较小，无法为返乡创业提供经验上的支持。

4. 创业政策辐射性不强

尽管政府针对大学生返乡创业出台了一系列政策，如《关于支持农民工等人员返乡创业的意见》等，但是大部分政策是指导性意见，具体针对性及实操性的政策相对较少，不利于返乡大学生创业进程的推进。创业政策辐射性不强主要表现在以下几个方面：

（1）政策体系不够完善

大部分政策是指导性意见，且创业政策较为混乱，没有形成系统性的政策体系，特别是关于返乡大学生创业的资金支持政策较为缺乏，在一定程度上制约了返乡大学生创业的进程。

（2）政策落实不到位

政策是由各级政府层层实施的，在具体实施过程中，难免会出现对政策理解不足，实施不到位的情况。另外，由于不同群体的特点不同，且不同地区的返乡创业实际情况不同，各级政府在实施过程中并未依据不同情况进行灵活处理，这就导致创业政策出现偏差，不能充分支持返乡大学生创业。

5. 社会支持系统不完善

返乡大学生创业需要全社会的共同参与与支持，然而现阶段返乡大学生创业的社会支持系统不完善，不能较好地支持返乡大学生创业的进程。主要表现在以下两个方面：

（1）农村创业环境较差

农村的基础条件相对薄弱，如交通不便利、网络不发达等，不能为返乡大学生创业提供足够的便利，在一定程度上制约了返乡大学生创业的进程。

（2）社会的参与度不高

社会大众对于返乡大学生创业活动的参与度不高，有些人甚至不理解为什么要放弃大城市的工作机会而跑到农村进行创业，正是由于农村等人员的思想落伍，致使对返乡大学生的创业行为存在偏见，参与度和支持度不高。

# 第四章 服务乡村振兴战略高职院校创新创业人才培养新模式

## 第一节 创新综合性实践应用

各高校应围绕乡村发展对复合型、实践型、应用型人才的需求，以培养擅长农业经营管理，善于乡村治理和新产业营运管理的全面发展的复合型人才为重点，突出"通识专业知识+实践技能"，扩大培养对象范围，深化人才培养内容深度和广度，实施"新时代乡村大学生培养工程"，为乡村定向培养综合性实践应用型人才。应支持涉农高校设置专科招生专业，对具有一定发展潜力的实践应用型人才实施自主招生入学，按照高等教育培养大学生的模式，对经过培养且考核合格的人员颁发毕业证书。在教学方式上，实行农学结合、边读边农制度，采取教育在线平台和高校实践教学基地、线上线下混合式教学，开放更多相关的涉农专业供学生选择学习，丰富学生知识和技能结构。

### 一、增加专业实践教育

高职院校应当在学校开设乡村振兴战略宣传解读、农村相关知识技能选修课程，让对到农村就业创业有意向的同学，在校期间就能够对农村有进一步的认识和了解。同时，高职院校应当与基层政府、村委合作共建农村基层实践基地，让学生走出校园、走出理论，走向田园、走向实践，在择业前体验农村真实的工作、生活环境，提高高职学生农村就业创业技能。即便毕业时，大学生没有选择到农村就业创业，也让他们在心中对农村产生情感，从而以其他方式建设农村。探索将农村创业教育纳入学生弹性学分制管理，组建专业教师团队，制订学生农村创业项目综合评价标准，达到标准的，应酌情给予支持和指导，成立师生共创团队，以农村创业实践，转换学分。提高师资素质和整体服务水平，加强农村就业创业指导培训。

#### （一）校准农业高职定位

高职教育定位是根据地域特点，发挥前瞻性、目标性、实用性的特点进行的人才培养。农业战略新兴产业需要校企合作，以政企合作为路径，以农业科技和产业需求为切入点，共建人才孵化平台。职业院校应实现专业和课程标准符合农业生产的实际，人才培养方案的确定由农业专家、农民组织和农民专业合作社共同参与，充分发挥行业指导、企业参与、政府支持的良性循环模式。同时，针对城镇一体化进程对职业农民提出的新要求和农业科技服务体系的新环境，职业院校应该有针对性地设计和规划特定农产品的实习实训中心建设思路，为人才培养提供实践技能提升的有效路径。

高职院校肩负人才培养与社会服务的双重任务，坚持零距离为农村服务。在进行人才培养的同时，加快科研成果转化速度，重视人才创新实践能力培养，创新办学机制，优化专业结构，依靠特色和优势学科建设，为农业科技推广服务。农业高职院校应该立足农业战略新兴产业发展过程中需求较大的生物农业技术、信息技术、物联网技术和农业电子商务技术，进行针对性人才孵化。

根据新农村建设特点，紧密结合农业生产前期、农业种植养殖全过程和农业物流、农产品推广等环节，以农业生产技能和就业岗位职责为落脚点，缩短衔接途径，实现专业课程的实用性、实践性和适应性。

## （二）搭建农业科技服务平台

根据地域农业发展特色和新兴农业产业发展要求，搭建高职农业科技园，与当地农业战略新兴产业生产紧密挂钩，建设农业科技服务中心，实现师资、授课、科技信息的共享，培育农业产业领域紧缺人才，开设特色专业。高职院校与农村生产组织进行订单式培养和工学交替计划，在保证学生学有所用、增强实践技能的同时，也缩短农田与农业专家的距离，实现实时指导和咨询。

以科技、环保、生态和高效为特征的农业战略新兴产业发展较快，需要更多具备高技能和实践经验的复合人才来引领。农业高职院校应该对农业创业思路、定位进行创业人才孵化。加强农业高职院校的师资建设，缩短课堂和农田的距离，完善创业机构建设，与农民专业合作社、家庭农场等农业经济组织合作，为人才创业技能的实训实践提供条件。

同时，调整创业指导体系，开展与季节性农产品生产和销售相关的实践活动来创造创业氛围，让学生感受农业企业经营的真实创业场景。构建创业教育课程体系，搭建多种形式的创业平台，建设创业扶持基金，提供量身做的创业规划，提高学生的创业成功率。

## （三）变革人才培养方案

农业高职教育应该改变传统农业人才的培养思路，重视学生自我学习能力和自身能力培养，在人才培养方案的设计和课程开设方面，加大农业文化、农业新兴产业规划和产业发展教育，同时选拔专业的教师结合创新教育思路，在基础课程与专业课程选择方面，着重培养学生农业专业的从业意识与心理品质，促进课程开发与农业新兴产业创业教育的紧密结合。专业课程应在传统农业生产技术之外增设农业技术推广、农产品营销、农产品市场调查与预测、农产品消费心理、农业企业经营管理、农民专业合作社经营管理等课程，与农业企业岗位人才需求紧密衔接。农业高职教育课程体系如图4-1所示。

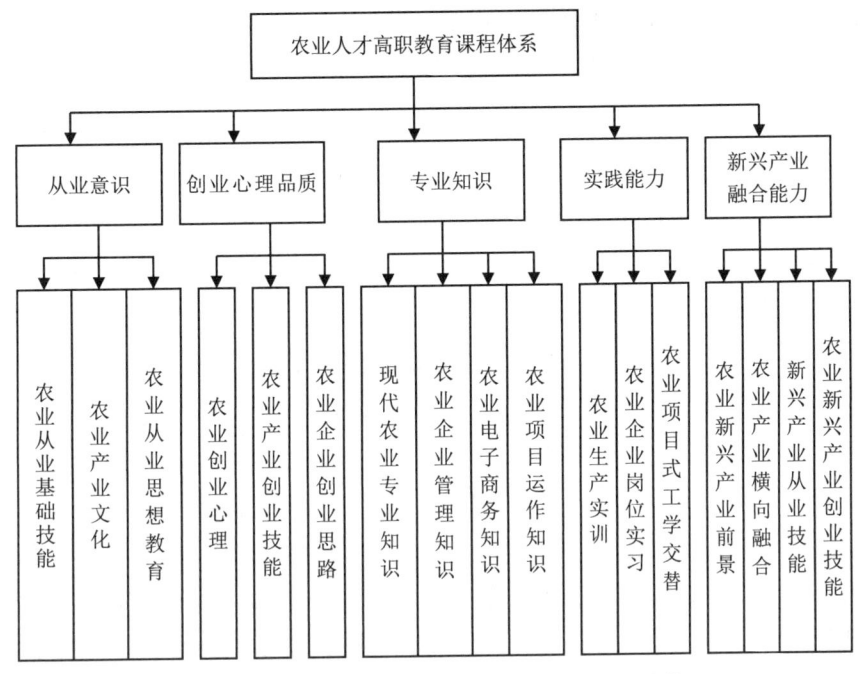

```
                        农业人才高职教育课程体系
                                 │
      ┌──────────┬──────────┬────┴─────┬──────────┐
   从业意识   创业心理品质   专业知识   实践能力   新兴产业
                                                  融合能力
```

| 农业从业基础技能 | 农业产业文化 | 农业从业思想教育 | 农业创业心理 | 农业产业创业技能 | 农业企业创业思路 | 现代农业专业知识 | 农业企业管理知识 | 农业电子商务知识 | 农业项目运作知识 | 农业生产实训 | 农业企业岗位实习 | 农业项目式工学交替 | 农业新兴产业前景 | 农业产业横向融合 | 新兴产业从业技能 | 农业新兴产业创业技能 |

**图 4-1　高职教育与农业新兴产业对接课程设计体系**

### （四）落实农村组织人才培养

高职院校农业人才培养的基础和源泉是农村。高职院校应该将深入农村、走进农田、服务农企作为人才培养的路径，尝试与农民专业合作社横向联合，进行对口人才孵化，不仅在人才技能培养方面，还应该在新兴农业技术扶持、合作社组织发展战略规划、农民培训、农产品品牌文化推广等领域发挥高职院校的辅助作用，充分发挥高职教育服务"三农"、服务地方经济的优势。农业高职教育应该扎实推进基层农业技术推广和村民农产品经营技能培训，通过集中办班、技术研讨、田间考察、现场指导等多种方式，与农村经济组织管理人才、农业大户、农业企业职工和农村职业农民展开农业新品种、新技术和新农具使用、新兴农业企业经营等全方位的培训，提高基层农民的实际操作能力，推动既懂农业生产又懂现代企业经营的新兴农民人才孵化进程。

### （五）构建终身教育职教体系

现代农业发展对职业农民的需求比重越来越大。随着城镇一体化的发展，职业农民的数量不断减少，因此职业农民应该具备综合和现代的科技种田技术。职业农民的培训应该由农民专业合作社、农民协会等专业组织与职业院校合作来完成，借助农民协会和各类专业合作社各级网络和职业院校的师资力量，有效组织短期和中期培训，将农民职业能力培养渗透到农村基层，借助农村信息终端体系，提高职业农民培训效果。

农业高职教育应该坚持专业教育与社会教育双管齐下，在良种培育、节水灌溉、农机使用、农产品加工储运、创意农业策划、生态农业建设方面实现技术和管理人才的社会机构教育，在农闲时期适时展开专业农民培训，协助村民构建个人农业生产规划，树立终身职业教育观念。农业人才的社会培育应该置于社会的新视野中，结合农村经济、农耕文化、农村生活的特点，引导和组织不同年龄和劳动力层面的农户进行农业资源知识、农业生态保护、农业生产安全、农村社会科技服务渠道等内容的全面辅导，为建设和谐、高效和生态的新农村打下基础。

### （六）实施素质型农业创业教育

现代农业新兴产业的发展所依靠的人才，不是单纯以技能教育为基础的生产型人才，而是以素质教育为基础的创业型人才，是具备热爱农业、深入农业、敬业和吃苦耐劳的品质以及有农业创业能力、创业精神和创业意识的新型人才。农业高职院校应该充分发挥现有实训基地和实践课程等优势，进行创业培训和技能扶持教育活动。农业新兴产业需要大量创业人才。高职教育应该将创业创新教育渗透到产业中，贯穿于产业发展的全过程，结合特色农业产业，整合资源，在教学计划制订、教学内容更新和教学改革进程中都融入创业教育的新元素，通过与地域新兴农业产业合作，与社区、农业企业联合，搭建创业平台，成立专门的创业和职业生涯指导机构，开展多种形式的创业技能大赛和农业电子商务竞赛、创业论坛等活动，为学生投身农业、培养创业情感和塑造创业氛围提供条件。

农业战略新兴产业的发展需要农业科技的进步和科教兴农的战略支持。农业高职教育不仅关系着农业产业和农村的发展，而且对提高农民生活质量、传播农业文化有促进作用。在建设"美丽中国"背景下，通过农业职业教育提高农业从业者素质，改善农业生态环境，建设美丽乡村，是现代化农业发展的必经之路。

高职院校的目标是培育农业产业的实用型人才。在与农业战略性新兴产业对接过程中，应重视专业设置与新兴农业产业链的零距离对接，重视核心主干课程设计与农业战略性新兴产业所需技术的紧密结合，考虑产业发展不同阶段的科技需求。在人才实践技能孵化方面，注重创新创业技能的培养，推进技术创新、社会服务和人才培养，为现代化农业和新农村服务。

## 二、农产品电商产教融合实训平台建设

建设一条集成度高、可扩展性强的农产品电商产教融合实训平台是将专业教育与创新创业教育相结合、培养社会急需农村电商人才的有效途径。但实训平台建设也面临理论知识传授与专业实践教学融合难、专业实践与创新创业衔接难、社会服务与现代农业对接难的困境。需要构建实践育人体系，完善平台运行机制，组建基于众创空间的"双创"基地、创新平台共享机制等方面探索农产品电商产教融合实训平台建设。

### （一）农产品电商产教融合实训平台建设目标

1. 构建实践育人平台

为教学服务是实训平台的首要目标。实训平台汇聚校内外要素资源，建设农产品电商O2O体验中心、众创空间、农产品电商运营实训中心、视觉传达实训中心、创新创业项目孵化中心等教学资源，培养各专业学生在"互联网+"思维下的通用电商运营岗位能力，

在此基础上，以产业、企业岗位及人才技能调研为基准，对接行业企业人才需求，设计创新创业实践项目内容开展专业实践教学，加强理论教育与实践教学的融合，以农产品电商为实训平台创新创业的切入点，以提高人才培养质量为导向，校企深度合作，优化创业实践环境，引导学生在基层一线和市场浪潮中经受锻炼。

2. 构建社会服务平台

社会服务是平台的又一目标。高职院校社会服务是指在完成正常的教学任务和人才培养的基础上，为社会提供直接的、具体的服务，如培训、咨询、产学研合作等。依托建成的农产品电子商务实训平台，一方面可以对接地方农业企业、农业合作社和种养大户，通过组建大学生创业团队，建立微店、淘宝等线上营销渠道，梳理地方优势农产品，引导农业生产、经营单位将优质农产品上网，推动农业"互联网+"落地。同时可以成立电商人才培训基地，面向社会开放共享，开展电商人才创业培训班，讲授网络文案写作、简易摄影技术、电商平台操作等课程，提升农业高职院校服务现代农业发展的能力。

（二）农产品电商产教融合实训平台建设路径

1. 构建实践育人体系

构建适应现代农牧业发展需求、职业特色鲜明的实践育人体系，培养大批现代农牧产品电子商务发展需要的高素质技术技能人才，造就一批创新创业典型。实训平台主要有三大功能：

首先，为电子商务、物流管理等专业的学生提供了良好的教学实训条件，一流的软硬件为专业实训的开展提供了良好保障。

其次，实训平台是校企合作的载体，校企合作项目可以依托平台顺利开展，譬如引进京东、苏宁服务外包项目，双十一服务外包项目，校企双方共同管理，同时为学生提供了实践机会。

最后，实训平台更是创新创业平台，可以为农商管理、畜牧兽医、农业物联网、食品科技等院系的学生提供创新创业实践，将所学专业知识与农村电商综合运用，培养学生学农爱农职业精神，开展创业孵化、创业帮扶、项目路演、投融资服务等，提升学生在"互联网+"背景下的创业成功率。

2. 完善平台运行机制

（1）组建实训平台的组织机构

争取产教融合项目扶持资金，同时学院加大配套投入，行业投入技术规范，构建实训平台合作建设模式，并以相关方利益共享资源为持续投入机制，达到校企同步更新实训平台的设施设备，形成电商产教融合实训平台的持续共建机制。联合农委、商务局、电子商务行业协会、知名企业共同组建"农产品电商产教融合实训平台管理委员会"，委员会成员由政府代表、学校代表、行业代表、企业代表以及其他利益相关方组成，管委会实行会议制度，共同决策。实训平台管委会在学院农商管理系设秘书处，按照管委会章程，进行长效运行。

（2）建立实训平台的长效运行机制

现代农牧产品电子商务实训平台形成的共享资源主要有资金、技术、人才、信息、制度、设备设施、实训文化等，运用市场机制，通过制度创新，制定《现代农牧产品电子商务实训平台共享资源管理办法》，按照优势互补、资源共享的原则，灵活运用有偿与无偿相结合的方式，建成面向区域的教育培训中心、技能鉴定中心和技术研发中心，有效实现校企合作育人、合作就业和合作发展，建立产教深度融合的长效运行机制。

3.组建基于众创空间的"双创"基地

（1）建立"双创"素质教育基地

依托产教融合实训平台的软硬件资源优势，尤其是集聚了一批经营性企业、骨干教师以及企业业务人员，进一步延伸、拓展其功能，在其中有机嵌入"双创"素质教育基地，组建由资深企业技术及管理人员、专业课教师、"双创"课教师组成的互补型、矩阵式"双创"兼职导师团队，指导学生在专业实践或生产实训过程中领会农产品电商经营项目的创意，寻找货源，测算经营成本，预估利润，体会营销策略，学习防范与应对风险的方法，理会企业规章制度与企业文化，在潜移默化中积累经营管理的间接经验。此外，鼓励学生个体或组团申报各类大学生创新创业项目。

总之，紧密结合专业，采用多种形式，立体化培养学生的创新精神、创业意识以及"双创"能力。

（2）组建众创空间

农产品电商众创空间是大学生"双创"项目实践及"双创"实战的主要载体，因而是"双创"素质教育基地的核心，助推学生成长是主要功能，也是本质特征，这就决定了其运行管理的特殊性。

其一，树立身边的榜样。为了充分发挥示范效应，构建生态系统，提高运行质态，在众创空间运行过程中，既要引入小微电商企业，也要吸纳周边的成熟创客加入，还可依据相关政策，鼓励、支持教师创新创业。

其二，全方位提供项目孵化服务。为学生创业项目提供工商注册、税务登记、风险评估等"一站式"创业咨询服务，不定期提供创业培训、专家论坛、分享沙龙、市场拓展和项目路演等活动，协助学生解决资金、技术等方面的难题，对压力较大的个别学生及时进行心理疏导。

其三，执行科学的管理机制。实施学分转换与替代制度，"双创"奖学金制度；严格遴选学生"双创"项目，守好入口关卡；实施项目的过程管理及定期考核，及时发现问题，对长时间无法实现目标的僵尸项目限期退出。

4.创新平台共享机制

（1）开展区域范围的对接活动

充分利用各类涉农展会、商务活动和论坛组织开展农业电子商务对接活动，引导农业生产、经营单位将优质农产品上网销售。有条件的地方可以先行组建农业电子商务协会或依托现有的电子商务协会，通过集体谈判等形式，与电商企业协商相关优惠费用、建立合作机制，为农产品上网销售提供更为便利的服务。鼓励电子商务企业与城市社区开展合作，共同设立农产品体验店、自提点和提货柜。信息进村入户试点省份要充分利用信息进村入户平台，实现农产品上网销售，鼓励种子、农药、化肥等农业生产资料企业，依托各地村级信息服务站探索"放心农资进农家"电子商务模式。

（2）开展农业电子商务发展情况监测

通过与地方农产品电商资源的多种合作，掌握区域范围内农业电子商务发展的基本情况，通过大数据分析，为进一步推动农业电子商务加快发展提供决策支撑。

（3）开展电商技能培训

在农业部组织的信息进村入户培训班、大学生村官创业培训班农业电子商务课程培训之外，积极利用新型职业农民培训、农村实用人才培训、现代青年农场主计划、大学生返乡创业行动等项目，联合有关电商企业、科研教学单位，开展针对性的农业电子商务技能培训，提升农业生产、经营单位的电商意识和技能，提高网络营销水平。依托现有的共享型实训教学资源库、顶岗实习管理系统、合作项目管理系统的校企合作信息管理平台，充分发挥人才信息、招聘信息、远程教学中心、教学成果展示、科研成果转化等模块功能，满足开放式、协助式教学、实践、交流等需求，创建移动学习、按需学习、终身学习体系，为学生实践、企业员工培训、企业技术支持等提供经验分享，实现校企优质教育资源的共享，提升学员支持行业发展、服务地方经济发展的能力。

## 三、"直播电商+帮扶"人才培养模式

"直播电商 + 帮扶"模式或将成为经济发展的新动能，成为助力乡村振兴的新引擎。近年来，我国应用型本科院校致力于培养以市场为导向的应用型人才，加上人才市场紧缺"直播电商 + 帮扶"人才，结合目前乡村振兴和直播电商双重背景，培养"直播电商 + 帮扶"人才显得尤为重要。

### （一）"直播电商+帮扶"模式的内涵

电子商务是通过互联网等信息网络销售商品或者提供服务的经营活动，是数字经济和实体经济的重要组成部分，是催生数字产业化、拉动产业数字化、推进治理数字化的重要引擎，是提升人民生活品质的重要方式，是推动国民经济和社会发展的重要力量。直播电商是一种新型营销模式，其核心是电商；直播是一种实现电商营销的新模式、新途径。与传统电商相比，直播电商拥有互动性强、转化率高等优势。它重构了电商"人—货—场"三要素，为电商提供了一个全新的商品营销模式。我国直播电商已深度融入生产生活各领域，在经济社会数字化转型方面发挥了举足轻重的作用。

"直播电商 + 帮扶"模式旨在巩固拓展脱贫攻坚成果、通过发挥政府引导作用，突出市场导向，发挥行业协会、商会等组织优势，积极实施消费帮扶育人，努力拓展新型产销衔接方式，通过推广定向采购、直播带货等帮扶方式，将脱贫地区农副产品进行线上线下

销售，彰显以销代捐的时代力量。"直播电商＋帮扶"模式对落实脱贫攻坚、乡村振兴方面起到了不可估量的作用。"直播电商＋帮扶"模式将充分发挥联通线上线下、生产消费、城市乡村、国内国际的独特优势，全面践行新发展理念，以新动能推动新发展，促进强大国内市场、推动更高水平对外开放、抢占国际竞争制高点、服务构建新发展。"直播电商＋帮扶"模式一方面有利于整合上下游产业链，另一方面有利于实现乡村振兴人民共同富裕。

### （二）"直播电商+帮扶"模式发展历程

直播电商重构了电商"人、货、场"三要素，为电商提供了一个全新的商品营销模式。由于直播模式有强互动性，很多传统电商平台从图文货架式电商向直播电商转型。直播和电商进一步融合，抖音、快手等娱乐社交平台以电商赋能直播流量变现，拓展直播娱乐、咨询属性之外的营销职能。2020年，《关于实现巩固脱贫攻坚成果同乡村振兴有效衔接的意见》指出，帮扶政策总体稳定，需要制定针对性帮扶政策。

2021年，"直播电商＋帮扶"模式主要是为了巩固拓展脱贫攻坚成果，积极实施消费帮扶育人，努力拓展新型产销衔接方式，通过推广定向采购、直播带货等帮扶方式，将脱贫地区农副产品进行线上线下销售的模式。

"直播电商＋帮扶"模式重构了人与货信任关系的背书方式，压缩流通费用和信息沟通成本，为商家和消费者创造了一种新的消费方式。"直播电商＋帮扶"模式解决了网上购物的诸多痛点，有效地提升了消费者的购物体验，为电商行业带来增量。

### （三）乡村振兴背景下"直播电商+帮扶"人才需求类型

一个良好的"直播电商＋帮扶"团队是由有特点的人设、专业度极高的讲解、团队出色和勤奋运营所构成的。其主要岗位如下：

1. 直播策划

直播策划是"直播电商＋帮扶"团队中非常重要的角色，主要包括能够分析店铺数据进行选品，确定商品上架顺序，策划直播主题，进行直播商品排期，设计直播互动玩法，设计直播利益点，策划直播执行脚本、互动脚本和单品脚本。直播策划由多方面的能力所构成，主要包括宣传素材收集能力、直播内容策划能力、脚本创意策划能力、主播形象策划能力和直播方案策划能力。直播策划是软实力，直接决定了一场"直播电商＋帮扶"活动的成功与否。

2. 直播销售

直播销售主要包括直播助理、电商主播、达人等。直播销售工作任务包括：承担产品销售、直播间话题互动、个人品牌打造和短视频引流等。直播销售以持续向观众输出个人品牌价值（个人标签）与产品价值一致的优质直播内容，从而引导消费。电商主播、达人能根据商品信息和单品脚本，专业地向客户介绍产品、回答咨询。直播销售能通过语言描述、借助道具等方法增强用户对商品的信任，强调卖点，激发用户需求。另外，直播销售能根据直播主题、热点、促销优惠等营造氛围，促成粉丝转化和产品销售。直播销售应具备危机的预判与应对能力、良好的心态、和粉丝互动思维能力和互联网思维能力。直播销售关键能力包括评估选品能力、买点、卖点提炼能力、现场展示讲解能力和粉丝互动转化能力。直播销售凭借专业能力吸引粉丝流量，直观地和粉丝互动，激发消费者购买欲望并引导迅速下单。直播销售是"直播电商＋帮扶"团队中的核心组成部分，直播销售的现场表现直接决定了一场"直播电商＋帮扶"活动成功与否。

3. 直播推广

直播推广主要包括能够创建超级推荐直播推广自定义计划、创建直通车直播推广计划、投放直播 DOU+、设计吸粉的短视频账号、策划短视频用于免费推广、撰写小红书笔记进行免费推广和在粉丝群和微淘进行免费推广。直播推广能力主要包括宣传物料把控能力、平台推广引流能力和直播二次传播能力。直播推广有利于打破旧的销售模式，开辟全新网络销售系统，吸引粉丝观看直播。

4. 直播运营

直播运营主要包括规划直播内容、团队协调和复盘三个步骤。

首先，规划直播内容，确定直播主题。根据主题准备直播商品，策划并撰写直播脚本，做好直播前的预热宣传，规划好开播时间段，做好直播间外部导流和内部用户留存。

其次，团队协调，主要负责协调直播团队各部门之间的关系，协调直播人员的关系，解决直播间突发的问题等。

最后，进行直播复盘，分析直播数据，总结直播经验，提出建议与优化方案。直播运营主要能力包括直播间搭建运维能力、商品发布与设置能力、直播控场能力和直播数据分析能力。直播运营是"直播电商＋帮扶"活动的核心操盘手，有利于提高卖货转化率。

（四）乡村振兴背景下"直播电商+帮扶"人才培养对策

电商扶贫是简单快捷的方式，"直播电商＋帮扶"的核心是"流量为王，顾客至上"。"直播电商＋帮扶"模式有足够的实力为乡村振兴提供新的网络市场，"直播电商＋帮扶"以自身品牌魅力来吸引流量，引用创新的内容，打造特色主题形象，以猎奇新颖的方式吸引海量的观众，进而带来流量。"直播电商＋帮扶"模式可以让消费者一边进行社交活动，一边享受潜在的营销活动。"直播电商＋帮扶"模式是实现乡村振兴的有效途径，因此培养"直播电商＋帮扶"人才势在必行。

1. 构建"直播电商＋帮扶"课程体系

随着消费者习惯养成、直播内容持续优化和 5G 技术赋能，"直播电商＋帮扶"课程体系主要为用户提供与商品相关的视频内容，影响其购买决策，从而促成买卖双方的交易。"直播电商＋帮扶"课程体系主要包括教材、课程资源等内容。课程体系的设置主要是针对直播策划、直播销售、直播推广和直播运营的岗位职责无缝对接，实现人才培养和产业链发展的必然趋势。"直播电商＋帮扶"课程体系不仅要求知识体系，更是能力要求，将课程思政、创新创业思维融入专业课程体系，开发具有专业深度、广度的应用型本科人才。构建"直播电商＋帮扶"课程体系离不开政府、行业、企业的鼎力支持，学校可以通过召开行业、企业的座谈会及讨论会再修改人才培养方案，并完善课程体系。

2. 形成"以赛促学、课证融通"的"直播电商+帮扶"教学模式

积极鼓励学生参加新媒体运营大赛、直播电商大赛、消费帮扶等大赛，通过比赛的形式提高学生实践运用能力。参加"直播电商+帮扶"的"模拟+实战"，全方位锻炼学生直播电商相关技能。参加短视频、"直播电商+帮扶"等内容体系化培训，让学生从零开始做运营。搭建校内大赛平台，跨专业、跨学院组队参赛，扩大学生的参与面。

一方面，对综合性比较强的大赛进行项目分解，实施"项目式教学"，将竞赛项目融入日常教学中，采用分组竞赛形式来考查学生完成任务情况，让学生都能参与进来。

另一方面，举办校级比赛以实现好中选优。这样，既能选拔出优秀学生代表学校参加全国性大赛，又能让学生一起学习，互帮互助，共享知识与技能，共同进步与提高。

全面鼓励学生通过培训学习考取新媒体运营证书、直播电商证书、新媒体管理证书、直播电商策划证书、电子商务管理师等技能证书，提高学生从业能力。

"以赛促学、课证融通"的"直播电商+帮扶"教学模式能够进一步提高学生学习技能、从业能力，有利于应用型人才的培养。

3. 打造"直播电商+帮扶"产教融合基地

以"建立符合市场需求及应用型人才培养要求的一体化人才培养体系"为总目标，遵循"共赢促进发展"的校企合作机制，按照"资源共享，优势互补，责任同担，利益共享"的原则，促进产教融合合作、校企多元育人，多维度实现专业共建，脚踏实地地培养创新创业人才。"直播电商+帮扶"模式培养的是复合型、应用型人才，为了实现这一目标，电子商务专业建设和发展需要进一步深化产教融合，打造产教融合基地，通过人、物、才的集聚和融合，优化高校资源配置，实现人才全过程全方位的培养。运用"直播电商+帮扶"实战教学，将实战项目常态化，提高实战型人才培养质量，完善"直播电商+帮扶"实训条件，促进"直播电商+帮扶"教学内容建设，推动产教融合基地成为优质基地，服务行业产业。"直播电商+帮扶"教学模式是深化产教融合的有效途径，不仅可以为学生提供实操机会，使人才培养能够瞄准市场需求，还可以帮助学校引入丰富的行业资源和教学资源，助力应用型人才培养体系。

4. 建立"直播电商+帮扶"一体化教学平台

"直播电商+帮扶"人才培养要注重综合应用能力的培养，要将直播技术、帮扶方法、智能手段等全面应用于应用型本科教育。建立"直播电商+帮扶"一体化教学平台有利于培养学生的应用能力，利用平台整合社会、企业、校内、校外等多方面资源，重构人才培养流程，服务社会经济发展。学生在真实直播平台开展直播活动之前，进行直播基本知识学习和模拟训练是必要的环节。"直播电商+帮扶"一体化教学平台以"直播课程资源+仿真实训"为核心内容，对应"直播电商+帮扶"典型工作任务，从最基础的直播电商概念出发，贴合相关人才培养岗位和技能，帮助学生了解常见的直播平台、直播模式、直播活动"前—中—后"营销策划的全过程，同时给出典型行业直播案例（如农产品），加

深学生对"直播电商+帮扶"的认知和体验。"直播电商+帮扶"一体化教学平台是基于电商企业核心业务及其流程，搭建一个基于电商全流程的、以直播带货为风口的立体化直播电商带货商业环境。通过"直播电商+帮扶"实际业务实战流程训练提升学生在选品经营、店铺装修、带货商品管理、移动营销、直播活动策划、数据分析、直播带货等方面的综合能力。

乡村振兴背景下"直播电商+帮扶"人才培养模式研究是基于信息思维的一场教育革命，是以农产品为核心的帮扶模式，其围绕的产品形态为数字商品和有形产品，主要是为了服务于农村经济发展。"直播电商+帮扶"成为电商重要的内容端口，给农村市场带来新的注意力、新的娱乐交互方式、新的流量分配节点。在乡村振兴背景下，"直播电商+帮扶"的商业模式是一种新经济业态，围绕大数据经济、互联网经济业态，以实现乡村振兴为目标而实行全产业链管理。直播产业分布越完整，吸引资源的能力就越强，"直播电商+帮扶"的商业模式表现出极强的爆发性，创造出千亿级的新市场。新的商业模式催生了新的思维方式，新型技术改变了人才培养的思维理念。应用型本科院校人才培养理念要持续优化和创新，致力于培养创新型和应用型的高级专门人才。目前，直播行业需要跨界人才，集商务、计算机、法律、管理、经济于一体的综合性人才，因而"直播电商+帮扶"人才培养方式是多元化和发散性的。"直播电商+帮扶"人才培养模式是由多种思维模式构成，主要包括新商科思维、互联网思维、共享经济思维和大数据思维。乡村振兴背景下，"直播电商+帮扶"人才培养模式不仅从思维上，还要从路径上行动。通过构建"直播电商+帮扶"课程体系、形成"直播电商+帮扶"教学模式，打造"直播电商+帮扶"产教融合基地和建立"直播电商+帮扶"一体化教学平台的措施，培养"直播电商+帮扶"人才。

## 第二节　加强区域性校地协同

高校应积极探索校地企合作培养人才模式。依据不同区域的现代农业发展和农村现代化发展的需要，打破固有的教育模式，精准对接区域发展需求和农民实际需求，确定新型农科人才知识、能力和素质结构，引入行业标准、技术规范和职业资格，科学制定人才培养标准。根据标准，科学设计课程体系，注重课本知识的同时，注重能力发展，侧重知识应用，加大农业各个细分领域的深度融合，打造创新创业型和专业技能型人才。探索农场主培育、职业经理人培养方法，注重强化参与体验式、示范模仿式、跟踪辅导式等实践技能培养，促进农民和大学生创业；共建乡村振兴学院、社区学校等，学历教育与培训相结合，地方政府建立培养对象登记和培训计划，进行针对性培养，注重实用化、多元化、特色化，使乡村振兴学院成为农民，政府和高校的区域性协同发展命运共同体。

# 一、校地协同赋能涉农类双创型人才培育的重要意义

## （一）可以健全涉农类双创型人才培育生态链

高职涉农类专业学生大多来自当地农村，虽然对养育他们的土地有感情，但要他们回到农村干事创业却存在动力不足、热情不高的问题。究其原因，主要是认为自己姓"农"没有出息、没有前途与"钱"途，故不愿意学农、学农不爱农、学农不为农的现象较为普遍。要扭转这种局面，提高专业吸引力是关键。

一方面，学校要加强学生思想政治教育与榜样引领教育，让学生树立正确的劳动观与价值观，厚植学农、爱农、为农情怀；另一方面，地方政府要出台更多鼓励与支持涉农专业学生回乡干事创业的配套政策，让学生能得到真真切切的帮助，感受学农为农的利好，从而增强回地方干事创业的信心与决心。

同时，涉农类双创型人才培育是一项系统工程，对场地、资金、设备等资源的投入均有较高要求，从学校层面来说，往往能够提供的资源非常有限，应通过校地协同，让地方（政府、行业企业、乡村、园区等）共同参与地方高职涉农类双创型人才培育中来，才能形成校、政、行、企（乡村、园区）多方联动的合力育人良好局面。这样一来，高职院校可以借助地方企业（乡村、园区）的优势资源、平台来弥补自身硬件资源投入有限的短板；当然，对于地方农业企业（乡村、园区）来说，也可依托学校培养其所需人才，为其提供人才与智力支撑。各级地方政府、行业主要发挥其总体统筹与资金、政策扶持的作用（为回乡干事创业的学生与协同育人各方）。因此，校地协同是破解涉农类双创教育"瓶颈"，健全涉农类双创型人才培育生态链的重要抓手。

## （二）可以提高涉农类双创型人才培育供需对接匹配度

地方涉农行业、企业（乡村、园区）作为"三农"人才培养的主要需求方，对不同岗位需要什么素养、什么能力的人才最有发言权，充分发挥其人才培育职责，可以实现供需对接匹配度。

同时，培育涉农类双创型人才重在增强创新意识、创业精神、双创能力，厚植爱农为农情怀，单纯依靠地方高职这一单一育人主体很难达成育人目标，田野、菜园、果园、苗圃基地、各种畜禽生产与养殖场地等是地方高职双创型人才培育的典型实践基地，也是所培育的人才毕业后干事创业的场地，地方农业企业（乡村、园区）参与到地方高职人才培养中来是深入贯彻落实国家产教融合战略的重要举措，让学生们在学校期间就有机会深入干事创业一线进行技能技术锤炼与实战经验积累，在农业企业（乡村、园区）一线技术、专家能手的亲手调教与指导下，学生的干事创业路径会变得更为便捷，有利于学校更有针对性地、更高效地为乡村振兴输送与培养适销对路的"产品"（学生），切实保障涉农类双创型人才培育效果。

## 二、校地协同培育涉农类双创型人才的路径

### （一）明确协同职责

要充分发挥地方政府在校的协同育人中的主导性职责。与其他协同参与方相比，地方各级政府在协同育人中具有绝对的、不可替代的组织引导、资源统筹、监督管理优势。地方政府不仅可以制定相关激励性政策、法规来推动涉农专业开展教育协同，也可以利用各种监控评估手段监管各方参与人才培养的过程与深入程度。

同时，地方政府还能够充分利用其特有的公信力统筹调控地方高职与地方企业之间资源的配置。在传统的校企、校村人才培育模式中，由于各参与方利益诉求出发点不同，各方在很多问题上无法达成共识，这就需要地方政府发挥宏观调控与调和剂、润滑剂作用，用制度体系来规范协同育人各方的利益诉求。

要充分发挥地方高职院校在校的协同育人中的主体性职责。地方高职院校涉农类专业是培育乡村振兴"三农"人才的主阵地，也是区域农业科技创新与服务的主要源头。学校应秉承开放式办学理念，在充分调研论证基础上，基于涉农学科特色，科学定位涉农类"双创"人才培养目标，优化双创人才培养方案。要从健全专业内涵建设入手，在苦练"内功"的基础上积极、主动与地方政府、涉农行业、农业企业（乡村、园区）在课程与教材开发、立体化教学资源库与实践教学基地、双创基地建设等诸多方面寻求协作，通过集聚各方资源、平台，深入切实推进课程教学内容与相关职业标准对接、教学过程与生产过程对接、实习实训教室与田间地头对接、校园文化与企业文化对接，探索建立开放式、全程化的校地协同育人的双创型人才培养模式。同时，地方高职涉农类专业也要提升自身的贡献度、服务能力与水平，主动与农业企业（乡村、园区）联合开展农业技术协同创新研究，要让农业科研成果在农业企业（乡村、园区）落地生根，让企业（乡村、园区）"尝到甜头"，这对协同育人至关重要。

要充分发挥地方涉农行业在校的协同育人中的指导性职责。涉农行业是一种非营利性的社会组织，主要包括农林牧渔各类协会、学会组织，是地方企业、地方高职、地方政府之间沟通的桥梁与纽带，也是涉农行业相关职业资格标准的制定者与相关职业资格准入的认证者，在协同育人中发挥着重要的指导性作用。一方面，涉农行业应该协助地方政府收集地方涉农人才需求信息，为地方高职院校的涉农类专业发展规划、人才培养标准、课程标准、教学评估考核标准等的制定与优化调整指明方向。另一方面，要将地方政府相关规范性政策、法律法规、制度等及时传达给地方高职与地方企业（乡村、园区），也要将地方农业企业（乡村、园区）、高职院校在协同育人中的合理需求、存在问题及时反馈给地方政府，充分发挥行业组织在协同育人中的协调指导作用。

要充分发挥地方农业企业（乡村、园区）的主动参与性职责。地方高职涉农专业是乡村振兴"三农"人才的供给侧，地方农业企业（乡村、园区）是"三农"人才的需求侧，要提高人才供需的匹配度，实现供需的无缝对接，供需双方必须保持长期的良性互动与合作。地方农业企业（乡村、园区）要创收谋利、乡村经济要振兴发展，人才绝对是第一资

源，与其到处遴选、挖掘优秀员工，不如对接自身不同岗位人才需求标准与规格，采用订单式、现代学徒制或"校中企""企中校"等模式主动参与到人才培育全过程中来，把农业企业（乡村、园区）拥有的实践基地、先进仪器设备等优势资源高效利用起来，为涉农类学生（准员工）技能技术锤炼、双创实战体验提供良好平台。同时，选派实战经验丰富的一线优秀技能、技术能手主动担任兼职兼课导师，在他们的精心培育与指导下，学生（准员工）在习得技能技术的同时，导师们精益求精的工匠精神也可潜移默化地厚植学生学农、爱农、为农情怀，陶冶学生双创素养、培养学生双创能力。

## （二）激发协同势能

### 1. 政策驱动

为了给乡村振兴培育涉农类双创型人才，国家、地方政府应建立政策驱动机制，完善向地方高职涉农人才培养倾斜的财政政策支持体系，既有具体针对地方高职涉农专业建设、教师成长和学生回地方干事创业方面的政策，也有针对农业企业（乡村、园区）参与协同的鼓励政策；既有法律法规行政政策，也有经济政策。诸如地方政府和地方行业牵头共同制定促推地方农业企业（乡村、园区）参与协同育人的实施细则，实施细则要规定协同育人各方责权利，并严格加强执行监督与落实。根据参与方参与度、贡献度的大小给予相应的税收优惠、减免及其他贷款融资优惠政策；对联合开展协同育人、乡村振兴理论研究、涉农项目开发、农业基地建设、涉农技术攻关的各参与主体给予最优的配套政策、资金支持。当然，有激励机制也要有约束机制，校地协同指导委员会要定期开展协同育人效果评价，对于不作为、重形式轻实现的各方执行优胜劣汰的动态调整机制，也便于修正与优化协同运行机制。

### 2. 利益驱动

地方高职（涉农类专业）、地方企业（乡村、园区）是深入推进校地协同的主要落实方，要让双方发挥主观能动性，必须找准其利益结合点，筑牢协同思想。对于地方高职涉农类专业来说，实行校地、校企协同有利于解决双创型人才培育资金投入有限、实训场地有限且不稳定、双创指导教师缺乏、人才培养模式落后、双创人才培育质量不高、学生创业成功率不高等问题，也是降低办学成本、增强办学活力的有效途径。地方企业（乡村、园区）缺人才、缺技术团队、缺资金，协同育人是遴选、培育岗位对接人才的最佳路径，也可借助地方高职的智力、人才、技术优势，在涉农产品研发、农业技术与产业链改造、员工再教育与培训、企业管理咨询等方面得到鼎力支持，同时长期的合作，可以让企业（乡村、园区）的社会知名度与美誉度得以提高。厘清与找准协同好各方的利益结合点，也就把脉好了协同育人的动力源泉，筑牢了互惠互利、合作共赢的协同育人思想根基。这样一来，有了基于利益驱动的思想共识，行动上也将更加主动与自觉。

## （三）夯实协同成效

### 1. 把好生源关

乡村振兴需要人才支撑，优质双创型人才的培育离不开优质生源。但从当前情况来看，大部分高职学生就读涉农类专业并非主观意愿，招生难度大（更别提优质生源）、对口就业创业意愿不足是地方高职涉农专业办学必须破解的第一道难题。校地协同应该从改革涉农类专业招生就业制度开始，为乡村振兴培育生产、管理、服务一线的优质涉农类双创型人才，最终受益的是国家与社会。

在全面推进乡村振兴大背景下，国家与地方政府从"三农"人才需求实际出发，为高职涉农类专业招生就业开设绿色通道，如通过与地方企业（乡村、园区）开展"订单式"培养，即定向招生（生源来于地方）、定向培养（依托地方高职与地方专业优势资源进行协同培养）、定向就业创业（毕业后服务地方）。同时，地方政府对回乡创业的涉农类学生，除在场地、资金、税收优惠等方面制定相关扶持政策外，还要设立农业与农村创业投资基金、农业创业风险防控专项资金、农业技术研发与科技创新专项资助基金等，全力支持涉农类学生全身心投入双创事业而无后顾之忧。当然，纠正认知偏见，加强文化价值观的引导，营造全社会尊农重农的良好氛围，对涉农类学生立志服务"三农"所起的催化剂作用也不容忽视。

2. 把好教师关

师资团队是培育涉农类双创型人才的根本保障。所谓"三师型"教师团队，就是集聚专业理论教学、实践教学、就业创业指导于一体的教学团队。这对实干特征鲜明的涉农类专业而言非常关键，只有这样"接地气"的教师团队才能让学生学到真本事，在走入"田间地头"一线干事创业时才能真正"下得去"，能够成为引领与带动区域农业产业发展的"领头雁"。

当前，高职涉农类校内能够真正担当起双创型人才培育工作的专任教师为数不多，校地协同"内培外引"联手打造与培育"三师型"教师团队非常必要。一方面，在协同企业（乡村、园区）的支持与协助下，学校专任教师要采用"轮回制"方式定期或不定期深入涉农类岗位一线开展社会实践与挂职锻炼；另一方面，要集聚各协同参与方的涉农企业家与中高层管理精英、成功创业者、技术能手、风险投资人等各种优秀人才共同组建较为稳定的双创型人才培养校外兼职教师库。

3. 把好课程关

创新创业教育，简称双创教育，其本质是一种综合素质教育。双创教育必须以专业教育为支撑来开展，专创融合培养（将双创教育融入专业教育人才培养全过程）已经成为各高职院校双创型人才的普遍共识与有效路径。专创融合培养的前提是专创一体化课程体系的构建与课程教学内容的重组。在课程体系的构建中必须遵从学生认知规律与能力培养规律，按"专业思想引导与双创意识激发—专业基本功夯实与双创基本能力锤炼—专业核心能力培养与双创综合素养训练—专创一体化项目实战助推创业"为思路开发课程体系，课程内容的重组必须坚持以双创活动为导向，通过校地协同共建共享的各种双创实践实战基地与平台，以典型的真实性项目或任务为载体，把专业能力和双创素质，特别是创新思维与创业精神融入每门课程，把一个成功创业者所必须具备的基本知识结构体系、创新意识、个性特质、核心能力与素养等进行系统性解构与重新整合，多采用案例分析、头脑风暴、讨论、角色扮演等方法组织教学，将思想政治教育课程、科学文化教育、专业教育、双创教育有机融合，将智力开发教育与非智力开发教育有机融合，实现学生知识、素质、能力的全面发展。

4. 把好实践关

双创型人才培养的核心与落脚点是学生创新思维与双创能力的培养。对于实践性、应用性特别强的涉农类专业，学生创新思维与双创能力的培养离不开"田间地头"（果园、菜园、苗圃基地、农场、林场、畜禽养殖场）的"真刀实干"。"将课堂开进田野、将论文（成果）写在大地留在农村"是高职涉农类专业人才培养的鲜明特色，这对涉农类专业的实践性教学条件的建设提出了更高要求。双创实战平台的搭建，一方面要与课内实训、课程专项实训、综合实训、教学实习、识岗实习、协岗实习、顶岗实习、毕业设计等课内实践性教学环节对接；另一方面要充分利用专业宣讲、专业（学科）沙龙、社团活动、技能竞赛、双创大赛、社会实践等丰富的第二、第三课堂活动平台。

当然，这也需要国家和地方政府加大对"双创"项目的扶持力度，支持校企（乡村、园区）共建双创孵化示范基地，并对一些农业科技含量高的项目提供政策倾斜、场地支持等服务，让这些项目能够落地生根并发展壮大。

同时，地方政府可以将区域"三农"建设发展中的相关理论研究、关键技术研发攻关纳入"三农"专项科研规划，以项目（课题）形式予以立项资助，以校企（乡村、园区）联合申报方式组建科研团队，并贯穿实践性教学各环节，让学生也全程参与进来。地方政府也可单独设立大学生双创资助基金，鼓励社会团体、公益组织、企事业单位和个人，以多种形式向自主创业的在校大学生提供必要的物质、场地与资金支持。有条件的协同企业可以单独设立创业投资基金与双创项目孵化基金，在行业企业与学校双导师的指导下，帮助学生孵化出微小型创业项目。总之，要拓宽渠道，通过课内课外、校内校外、线上线下等多样化模式的相互借力，为学生提供全真实践实战环境与平台，最终实现学生创新思维与双创能力的逐步提升。

## 三、区域性农林实践教学基地建设案例

实践教学的弱化一直是影响农林学科人才培养质量提升的主要问题之一，而实践基地建设及其运行存在的问题是加强实践教学的"瓶颈"。高等农林院校实践教学基地具有区域分布点多、线长、面广等特点，以及跨越地理位置建设与发展的趋势；同时，存在着"建"与"用"脱节、建设资金不足且来源单一、基地建设目标与地方产业发展的契合度低等问题。为此，以 FJ 农林大学案为例，该校提出"点面结合、校地共建、闽台合作"的区域性农林实践教学基地建设模式，并探讨了"产教研三方协同保障，多学科多专业交叉融合"的农林综合实践教学新模式。区域性农林实践教学基地具有高等农林院校与区域内的政府机关和企事业单位等多方参与、协同保障、产学研高度融合等特点，对高校人才

培养质量的提高、区域农林业技术"瓶颈"的突破、企业核心竞争力的提升、区域经济社会的持续健康发展以及形成以提高农林业共同体内聚力为核心价值的文化认同等都具有重要意义。

## （一）农林实践教学基地的现状

1. 农林实践教学基地的类型与特点

（1）农林实践教学基地的类型

按照基地所在位置划分，高等农林院校实践教学基地可以分为两类：一类是高校内的实践教学基地，主要包括校内农田和山林地；另一类是校外实践教学基地，主要包括高校及其所属机构建立的基地。按照基地权属划分，高等农林院校实践教学基地可以分为两种：一种是由高校独立建立的基地，属于高校的固定资产；另一种是由高校与政府、企事业单位共同合作建立的基地，属于合作双方共建基地。按照基地发挥的主要功能划分，高等农林院校实践教学基地可以分为认知型、专业型、创新型和综合型四类。

（2）农林实践教学基地的特点

由农林学科性质所决定，农林实践教学基地在区域分布方面具有点多、线长、面广等特点。以FJ农林大学为例，自建的校外实践教学基地分布于FJ省漳州市、三明市、南平市和福州市等地，形成"闽南"—"闽中"—"闽北"实践基地群建设格局。此外，北京林业大学在FJ省三明市建立了南方林区（FJ三明）综合实践基地。这种跨越地理位置建立实践教学基地的模式是目前乃至今后高等农林院校实践教学基地建设与发展的一种常见趋势。

2. 农林实践教学基地建设及运行存在的主要问题

目前，农林实践教学基地建设及运行主要存在以下问题：

（1）"建"与"用"脱节

由于基地布局分散且运行效果差，所以基地功能无法充分发挥，从而导致实践教学流于形式或学生参与的生产过程缺乏完整性。这也是导致学生基本技能训练不足、创新思维和创新能力薄弱的原因之一。

（2）基地建设资金不足且来源单一

基地建设资金不足且来源单一导致基地运行的可持续性较差。

（3）基地建设目标与地方产业发展的契合度低

校地合作共建基地难以持续发展，基地服务社会的能力不足。

## （二）建设区域性农林实践教学基地的思考

针对农林实践教学基地建设及运行存在的问题，FJ农林大学就建设可持续、有特色、开放性的农林综合实践教学基地，对以下3个问题进行了深入思考。

1. "如何共建"问题

认为基地建设要解决与地方发展和产业发展不契合的问题，应有机嵌入地方经济社会发展和产业发展，建立引领产业发展并获得地方政府和企业认同的科研基地、示范基地和推广基地。

2. "如何共用"问题

认为基地建设要改变不同学院、不同专业各建基地的分散单一建设模式；同时，要引入高水平科研平台，融合地方农林业龙头企业，建立以实践教学基地为平台的多方融合的实践教学模式。

3. "如何共享"问题

认为要解决基地用途相对单一、开放度不够的问题，应从服务闽台交流、乡村振兴、教师培训等角度，建立兼顾闽台农林业交流、新型农民培育、教师培训的基地。基于以上思考，FJ农林大学以洋中科教基地建设为试点，提出"点面结合、校地共建、闽台合作"的区域性农林实践教学基地建设模式，并探讨了"产教研三方协同保障，多学科多专业交叉融合"的农林综合实践教学新模式。

### （三）区域性农林实践教学基地的内涵特征及建设意义

1. 内涵特征

农林业具有典型的地域特点，不同地理区域的农林动植物种类、生产技术体系乃至农林业文化迥然不同。农林类专业人才培养除了要对学生进行农林业基础知识的传授和能力训练之外，还要使学生对所在区域的农林业历史和现状有充分的了解，以彰显各高校自己的办学特色，只有这样才能使毕业生适应区域经济社会发展的需要。但这也对农林类专业的实践教学提出了挑战。

为此，区域性农林实践教学基地建设应运而生。区域性农林实践教学基地建设与运行，其主体除高校外，一般还包括基地所在地的地方政府和相关的企事业单位，所以具有多方参与、协同保障、产学研高度融合等特征。

同时，以实践基地为平台，高等农林院校与区域内的政府机关和企事业单位相互依存、交流融合，从而形成以提高农林业共同体内聚力为核心价值的文化认同。这对高校人才培养质量的提高以及区域农林业技术"瓶颈"的突破、企业核心竞争力的提升、区域经济社会的持续健康发展等都具有重要意义。

因此，建设具有区域特色的高等农林院校实践教学基地是"新农科"建设的必要环节。

2. 建设意义

（1）区域性农林实践教学基地建设是高等农林院校办学支持体系建设的重要组成部分

高等农林院校的传统学科如农学、林学等实践性均很强，只有实践与理论并重，才能达到较好的教学目的，所以各种课程实习、专业实习和毕业实习占据了较大的课时比例。在高校本科教学评估体系中，教学实习基地建设也是重要的评估内容。区域性农林实践教学基地作为高等农林院校服务教学、开展科研项目的重要场所和培养创新型人才的摇篮，是高等农林院校办学支持体系的重要组成部分。

（2）区域性农林实践教学基地是高等农林院校加强与社会联动发展的重要载体

服务地方社会发展，回馈社会，是地方高等农林院校义不容辞的职责。要实现高校的可持续发展，高校必须充分发挥社会服务功能，提高社会服务效益，做好为区域经济建设的服务、为现代企业的服务、为国家需求的服务。区域性农林实践教学基地作为高校产品展示、成果转化、社会服务的重要平台，是农林院校加强与社会联动发展的载体。

### （四）闽台合作校地共建区域性农林实践教学基地的途径

FJ农林大学在农林实践教学基地建设过程中，针对实践教学存在的问题，以"生根基层、知行合一"的实践教学理念为指导，坚持创新教育与创业教育一体化实施农科教协同实践育人工程；遵循以学生为本原则，以培养学生创新能力和综合素养为核心，充分尊重学生在实践教学和自我发展中的主体地位，强化现代农林业核心技术和能力的训练；补齐农林实践教学的"短板"，践行地方农林教育走下"黑板"、走出教室、走进山水林田湖草的时代呼唤，满足培养"适应区域经济社会发展需要，生态文明意识突出、社会责任感强、知农爱农为农"新农科人才的社会需求。

1. 打造彰显区域特色的农林实践教学基地

FJ农林大学通过科教融合途径，结合国家食用菌品种改良分中心、国家黄红麻和甘薯区域试验站和农业部蜜蜂试验站等平台的建设，打造满足农业科研和实践教学需求的综合性农科基地；以全国林场改革为契机，推进国家林业与草原局杉木工程技术研究中心、亚热带湿润山地森林生态系统国家重点实验室（筹建）野外科考基地等"落地"，把教学林场打造成林科类科研综合实践教学基地，从而使学生可以直接接收农林新品种、新技术等科研的系统性实践训练。通过产教融合途径，引进FJ祥云生物、天益菌业、沈佳农业等食用菌或有机蔬菜领域的高新农业龙头企业进驻洋中科教基地，从而使师生可以近距离了解FJ优势农业产业的发展动态。

2. 建立"多方参与、协同保障"机制

FJ农林大学通过"多方参与、协同保障"，FJ农林大学以实践基地为载体，发挥在科技、人才等方面的优势，提升了服务地方农业产业的能力，推动了地方政府的招商引资，培育了新型农业产业，最终实现了人才培养与产业发展的双赢；同时，地方政府依托实践基地在技术提升和人才培训等方面获益，并由此激发了共建基地、合作共赢的强烈意愿。这都为区域性农林实践教学基地的建设和长效运行提供了机制保障。

3. 打造完整的农业基本技能和产业实践链条

FJ农林大学通过建设标准化农田并引入教师的农业科研项目进驻，以及链接农业企业、休闲农庄、农机合作社等方式，为学生提供作物育种、扩繁、种植、栽培、施肥、灌溉、病虫害防治、农产品储藏、保鲜、加工、农机使用、农产品经营销售等方面的基本技能训练和产业实战锻炼。

FJ农林大学通过将现代农业企业的优势技术和装备与"现代农民创业园""现代农业品种示范园"等平台融合，为学校的实践教学提供良好服务。例如，祥云实业公司的智能化银耳生产线为学生提供了最新的融合生物技术与信息技术的食用菌生产"实践车间"。同时,组织学生成立创新创业科技团队,在洋中科教基地年均落地10余项学生创新创业项目,进一步促进了学生创新创业能力的培养和提升。

FJ农林大学通过开展传统与现代融合的农业文化教育,提升农科通识实践的教学水平。例如,就地挖掘农业文化资源,以首批中国重要农业文化遗产"尤溪联合梯田"和中国历史文化名村"桂峰古村"为载体开展农业文化教育,使学生感受我国的农村历史文化和数千年的农耕文明,提升学生对新时期"农村、农业、农民"的认识,培养学生"知农、爱农、为农"的情怀以及振兴乡村的使命感。

再如,依托作为全国林业科普基地的学校教学林场,打造"生态文明"实践教学综合基地,让学生实地感受中亚热带天然林丰富的生物多样性及其维护区域生态系统发挥的重要作用,提升学生对"绿水青山就是金山银山"理念的认识。

# 第三节 深化行业性产教结合

积极支持校地共建企业大学等产教融合培养体系,重点解决人才链与产业链不协调的问题。以满足农林牧产业发展需要为前提,以企业为依托,共建企业大学或者校企协同办学,探索人才培育与产业发展的有效对接、产教结合的培养模式,重点培养涉农产业技术能手或工匠、工人等产业技能型人才。在方式方法上,采取理论联系实际、产教结合型教学模式,注重人才培养和用人单位的对接,融合企业优质人才和技能实践资源、技术标准等要素,重视人才多领域多方向培养,在农林牧产业生产过程中以实践带动学习,融会贯通;针对行业重点企业人才需求,采用能力本位教育模型,引入行业标准,全链条培养,使企业大学成为"企业+高校"的产业创新发展利益联合体,保障人才培养供给侧和产业需求侧在结构、质量和水平上的适度适应。

## 一、乡村振兴战略高职院校产教结合型教学模式

### (一)加快转变农业人才培养模式

农业职业院校要紧贴地区产业发展特点,结合学校的办学特色,开展针对性的人才培养。改变传统的注重理论知识的传授,积极引进实践教学,通过将学生引入大型农业企业集团和地方农村合作社实习,在农产品的生产实践中开展教学,推动人才培养模式的多元化建设。

1.就业导向模式

就业导向人才培养模式是以就业为目的,在预测产业发展前景、分析岗位职业能力需求的基础上,开设相应的专业,设置对应职业能力需求的专业平台基础课、专业核心课程,并对学生进行理论和实践教育,使之达到相应职业技能水平,甚至可以通过技能考

核和技能鉴定方式获得职业资格证书，学生毕业后到岗可用。就业导向模式主要有"双证制"和"订单式"两种表现形式。目前，大多数农业高职院校都将这两种形式结合使用。

（1）"双证制"

"双证制"，即把学历教育和职业技能教育结合起来，采用专业知识和职业技能相融合的教学模式，使学生毕业时既可获得学校的毕业证书，又能考取国家职业技能鉴定中心颁发的职业资格证书，其核心是开设的课程和教学内容与国家职业技能鉴定中心颁布的职业资格标准相对接、教学过程与职业技能训练过程相融合，要求学生持"双证"毕业，以此提高毕业生就业率。

"双证制"培养形式：

首先，制定专业与岗位对接的专业人才培养方案。分析职业岗位（群）及职业能力要求，形成能力模块，明确各能力模块对应的农业人才的专业知识和职业技能的领域；课程体系构建、教学标准制订、教学计划编制、教学内容设计等围绕职业技能培养来开展，专业教学大纲要与职业资格证书课程大纲相衔接，根据职业资格能力要求构建专业基础课程和专业核心课程，组建课程体系，重点突出实践教学；专业教学内容突出职业性、技能性、实践性，实践教学课时与理论教学课时之比不少于1∶1；"素能并重"，加强职业素质和职业能力培养，既要提高学生思想政治、职业道德、创新意识、自学能力等职业素养，又要将专业知识和职业技能结合起来，通过强化职业技能训练来提高学生职业能力；专业教学标准要根据现代农业产业现实需求与发展趋势，将专业设置与农业产业布局、教学内容与农企岗位职业资格标准、实践教学与农业生产过程对接。

其次，根据职业岗位、专业自身特点和认知规律，构建"教学做一体"的教学模式，并予以实施，促进专业知识与职业技能相结合、理论与实践相统一。

再次，加强校内、外实训基地建设。通过校内实训深化课堂理论知识，通过校外实训引入真实工作场景，在实践中强化职业技能训练。

最后，培养"双师型"教师。选派专业教师参加农业部、省农业厅举办的各类农业技能培训，参加职业技能鉴定中心举办的农业技能培训、考评，取得农业技能资格证书，提高教师对学生进行职业资格技能训练的能力。

"双证制"的培养形式提高了学生的职业岗位能力，凸显了人才培养的职业性，实现了高职教育人才培养模式与现代农业企业的职业岗位接轨。

（2）"订单式"

"订单式"，即用人单位根据各职业岗位对不同规格的人才需求情况，提出人才需求订单，学校按照用人单位提出的人才需求规格、数量进行定向培养。"订单"包括"订人员""订数量""订知识""订技能"。"订单式"培养形式的核心是校企合作，共育人才，毕业生直接对口就业。该培养形式可以概括为5个"共同"，即学校与企业共同挑选培养对象，学校与企业共同制订人才培养方案，学校与企业共享教育教学资源，学校与企业共同监控教学质量，学校和企业共同为学生就业服务。具体到农业高职院校涉农专业，可以与各级农业部门、各类农业企业签订合同订单，校企双方共同制订人才培养方案，根据职业岗位要求，设计人才知识结构、能力结构和素质要求，构建课程体系，明确考核目标。在实施培养计划过程中，学校负责理论教学，并对学生的专业知识掌握情况进行评价，企业选派生产一线的能工巧匠负责实习指导，并对学生的职业技能掌握情况进行评价。学生完成学习后，采取双向选择的方式实现就业。

"订单式"培养形式可以实现学生入口、培养过程、出口的有机统一，缩短毕业生适应工作岗位的过程。就业导向模式人才培养目标瞄准现实的工作岗位，学生职业能力对应岗位要求，毕业生就业面向非常明确。"订单式"对口培养，利于对口就业。

"双证制"培养的学生持国家技能鉴定中心统一颁发的职业资格证，在就业竞聘时更具优势。

2. 工学结合模式

工学结合人才培养模式是在校企合作的基础上，从专业设置、课程设置、实习实训、教学质量评价方面双向交流，协同育人。工学结合模式侧重于人才培养过程，强调将高职院校优质的教育教学资源与企业真实的生产运营实境结合起来，在教学过程中将理论教学和实践教学相融合，在工作实践中深化并检验学生的专业知识和职业技能，在理论学习中提升学生实践工作能力，使之不仅获得职业知识和技能，还积累了职场工作的生产和管理方面的实践经验。在农业高职院校涉农专业工学结合人才培养模式实践中，主要有"3+3""双主体"，"二定制、三段式"三种表现形式。

（1）"3+3"

"3+3"形式即根据人才成长规律和专业能力递进规律，将3学年6个学期分为3轮周期，学生3个学期在校内学习，3个学期在企业学习、工作。黑龙江农业职业技术学院就采用了这种人才培养形式，其作物生产专业将"3+3"展开为"一个岗位、双序相融、三轮周期、四项任务、五层螺旋"。

一个岗位：为作物生产这一岗位的工作过程系统化地构建课程体系，将岗位能力与课程内容实质性对接，将工作过程与学习过程有机结合。

双序相融："学习与工作相融、课堂与岗位合———双序列教学模式"。作为学生，在校有学习任务；作为员工，在岗有工作任务。教学标准和生产标准相对接，学校教师和企业师傅共同指导，校内学习、实训与校外工作实践相融合，素质培养与技能培养相结合，学生在获得技能提升的同时获得经济报酬。

三轮周期："岗位与课堂轮换、企业与学校交替———三循环教学周期"。第1轮：1、2学期，学校—企业；第2轮：3、4学期，学校—企业；第3轮：5、6学期，学校—企业。每经1轮，学生的知识、能力、素质都有较大的提高。

四项任务：根据作物生产这一岗位的核心技能分为四项典型工作任务，即播种前的准备、播种育苗技术、田间管理技术、收获及贮藏技术。

五层螺旋：在"双序相融""三轮周期"的教学模式基础上，结合生产过程的"四项任务"，经过参与任务、实验探求、构建交流、提炼拓展、评价反思5个层次递进，使学生的综合能力在交替、重建、螺旋上升的教学模式中得到提升，最终使学生实现深化专业知识、重构知识体系、强化职业技能、提升创新能力的目标。

（2）"双主体"

"双主体"形式强调学校和企业共同参与到人才培养的全过程中来，具体体现在共同制订人才培养方案，共同教授学生知识和技能，共同管理学生实习实训，共同对学生的各方面表现做出评价。

"双主体"形式是以需求为导向，通过正式协议确立校企双方在人才培养中的主体地位，企业参与学校的招生录取工作，参与人才培养方案制订、修改工作，参与开发教材，参与实施教学、实训，参与人才培养质量监控评价。学生既是在校生，又是企业准员工。"双主体"培养形式可以使毕业生的职业技能更贴近农业企业岗位需求，利于对口就业。

（3）"二定制、三段式"

"二定制、三段式"形式是指在"校企合作""工学结合"的基础上，对学生进行先定向后定位的培养，以高职教育内涵建设为核心，以"工学结合"模式为实现载体，实施包括目标体系、内容体系、条件体系、管理体系等内容的实践教学体系。

"二定制"是指在一年级对学生进行定向培养，完成专业基础课程教育，在二年级对学生进行定位培养，完成专业课程教育和专业技能训练，此时，学生可以根据自己的情况选定一个岗位。"三段式"是在第3、4学期校企双方对二年级的学生进行理论与实践结合的循环递进的专业技能训练，在第5学期校企双方对三年级的学生进行定岗实境的职业能力实训，在第6学期三年级的学生到企业以实习员工的身份进行顶岗职业综合能力训练，为顺利就业做准备。

工学结合的人才培养模式将人才培养方案中专业知识和职业技能的教学内容，根据教学规律、生产实际、学校与企业现场教学的特点进行分类，由学校教师和企业师傅分阶段对学生实施理论教学和实践教学，使学生所学专业知识与企业的实际工作需求"零距离"接轨，便于学生毕业后快速适应工作岗位。

3.产学研结合模式

产学研结合人才培养模式是教师、学生、企业共同参与教学、生产、科研环节，产学一体、学研对接、产教融合、产研发展。产学研结合模式侧重于以科研项目为动力构建一个育人平台，将高职院校科研能力和企业创新需求结合起来，组建包含高校教师和企业技术人员在内的项目团队，以科研项目来驱动教师知识体系的优化、教学内容的更新，同时为学生提供了创新性生产实训平台。

学生通过参与产学研项目的实施，了解了专业与行业动态，深化了专业知识和技能，提高了创新能力。农业高职院校涉农专业的产学研结合人才培养模式有以下表现形式：

（1）"知识、能力、素质"三位一体的形式

该形式以校企合作来推动产学研合作项目，以工学结合为育人途径，以工作过程导向

为切入点，根据生产运作过程构建课程体系，在6个学期中，安排2个学期到企业全程顶岗实习，通过学生尽早体验职场工作环境的方式，培养学生职业意识和创新创业能力。

（2）"1+1+1"形式

温州科技职业学院采用"农业科研"+"技能培养"+"创业孵化"的人才培养形式，将农业科研项目融入高职教学实践中，使学生不仅获得专业理论知识和职业技能，还参与到创新创业活动中。产学研结合人才培养模式可以优化教师队伍知识体系，丰富理论教学、实验实训教学内容，利于营造理论联系实际的创新教育实境，为培养学生创新创业能力提供生产性实训平台。

### （二）扩大涉农专业招生规模

涉农专业在生源选择上要采取多元化策略，适当扩大招生范围，吸引从事一线农业生产的人员进入学校学习。在乡村振兴战略的实践过程中，存在大量农业人才的缺口，人才供求之间的矛盾突出，农业职业院校要发挥好自己的职责、为乡村社会的发展输送大量的人才就必须扩大农业教育规模，培养更多满足乡村振兴战略实施要求的人才。当前存在的涉农专业建设落后、生源递减的问题必须得到足够的重视。

农业职业教育要与成人教育、继续教育相承接，吸收农村地区农民参加技能培训，积极开展"送教下乡"，进行教学场所和培养模式方面的创新，缓解生源压力。通过对先进的农业创新创业案例的大力宣传，改变农村地区人们的传统观念，新型的农业产业化也可以帮助大家脱贫致富，农业教育也大有出路。农业院校要积极利用各种专项补助资金，对学习涉农专业的学生给予学费减免，并适当地给予生活补贴，在奖优奖先过程中，对农业专业的学生倾斜。通过订单培养和就业指导，免除学生的后顾之忧。

### （三）建立政府、大型农业企业、学校间的协同培养机制

深化产教融合、校企合作，建立健全政、校、企间协同培养机制，有助于农职院校整合资源，满足乡村振兴战略发展对农业技术技能型人才的需求。推动农业职业教育集团化办学是农业职业院校深化产教融合战略的有效举措。由于农业院校培养经费和实训基地的紧缺，推动当地政府和农业企业的资源投入可以更好地满足院校办学的需求。

农业院校要积极走出去，引入社会资本参与人才培养，通过农业企业在学校建立实训基地和学生进企业实习的形式，加快校企融合。在农教集团化的发展过程中，政府要发挥主导性作用，正确地引导校企合作，制定合法合理的规章制度，明确各方在人才培养过程中的职责，推动资源充分共享。

政府应当加大公共服务投入，在校企合作的过程中提供政策、场地、基础设施建设方面的支持，通过在税费减免等方面的优惠，激发校企合作的动力。农业院校要积极开展继续教育的培养，满足乡村地区中老年群体的受教育需求。由于乡村地区的产业空心化，年轻人群体流失严重，在很多乡村地区，中老年群体成为乡村建设的主力军，应当充分满足这部分群体的受教育需求，形成多元化的人才培养机制。

## （四）积极服务乡村社会发展

农职院校要不断提高服务乡村社会发展的职能，不断探索如何更好地满足乡村地区建设的需求。农职院校应该建立定点帮扶的惠农工作队，结合地区农业发展的特色，有针对性地开展帮扶。委派学校教师担任乡村书记等职位，驻点乡村进行建设，将新的农业科技推广运用到乡村地区，包括新型农业机械和新的农业高产品种，深入田间地头，实地查看农民群众在生产过程中存在的困难，有针对性地开展指导。

农职院校要切实保障定点帮扶政策的可持续性，不能仅仅走过场，学校要成立专门的领导小组对下乡帮扶的老师提供指导，明确职责，有效打击形式主义作风的蔓延。农职院校在农业科技下乡的过程中，必须高度重视文化下乡的同步性，将优秀的社会主义文化传递到乡村地区，通过各种形式的学习和交流活动，弘扬社会的正能量，抵制不良文化的传播，提倡乡土文明，推动当地特色文化的发展。

农职院校要积极发挥文化传承的职能，推动当地特色文化的保护，通过文艺汇演、党建活动等形式，不断发掘当地的优秀传统文化，提高当地农民的文化保护意识，营造良好的文化氛围。

## 二、创业项目竞赛的启动

创业项目竞赛是通过参与创业项目立项申报、撰写创业项目商业计划书、组织开展项目路演宣讲、开展创业比赛等，以竞赛的形式促进高校大学生创业能力的提升，一定程度上可激发高校大学生创业的自主性和灵活性。在创业项目竞赛实践中，一方面通过创业计划书的制定可以有效提升高校大学生的思维和创新能力、预见判断能力、市场分析能力等；另一方面通过路演、宣讲、推介的形式，可以提升高校大学生的语言表达能力、人际交往能力、团队协作能力，提升高校大学的自我挑战水平，一定程度上可以有效提升创业的能力水平，也是对高校大学生综合素质的检测锻炼。

### （一）加强竞赛宣传

对于学生创新创业，高校应该在这方面进行积极宣传。组建竞赛协会，定期组织开展竞赛活动。加强学校师生对竞争的参与度；现如今，网络发展盛行，利用"互联网＋"在计算机上开设网页竞赛，根据不同专业的学生开展不同的竞赛，将优秀的竞赛作品在网上进行展示，加强高校学生对学习重视的同时，还能吸引到世界目光对学校研究成果的关注；高校可以借助媒体手段，对高校竞赛进行报道。

### （二）建立竞赛激励机制

高校应该对竞赛机制设置奖励制度，对学生和教师分别进行奖励支持。通过设置奖励的方式吸引更多学生和教师参与竞赛中来，高校建立奖励制度能有效提升高校师生的参与意识。

诱人的奖励制度能更好地带动学生的学风建设，提高学生意识。用竞赛的方式促进学生学习，通过竞赛，让学生转换思维，创新可以来自生活中的各个层面。对此，要善于挖掘。一方面，竞赛可以让学生进行自由组队，促进不同专业的学生进行学术上的交流合作，进行作品创作，在创作过程中对创业有更深入的观点，促进对创新创业产生新的认识。竞赛中努力与否都体现在成果当中，成果能为高校师生带来影响，有助于激发学生参与意识，提升创业兴趣。另一方面，竞赛能更好地帮助学生意识到自身的不足，有助于学生对获取知识、构建知识体系产生驱动力。竞赛不论最后成果输赢，对学生都是一次完美的教育，能让学生在竞赛过程中认识到自身的不足，并加以完善，加深对创新创业的理解。

对于教师这边可以将教学和竞赛相融合，促进教师在创业计划水平上更加进步，可以根据不同专业的教师设置不同领域的创新性竞赛。教师可以针对学生专业给学生设置创新创业的职业生涯规划课程，对学生进行创业培训指导。教学过程中，教师需要将创新的专业知识、商业计划书撰写方法等融进教学计划中。根据教师的教学计划教案进行竞赛比拼，在竞赛过程中就能发展不足，高校要及时对师资力量进行补充。优化教师队伍结构，和企业联动，培养"双师双能型"的人才教师。建立教学团队，对"双师双能型"的教师进行评选评级。和企业共享教师资源，成立教师培训基地，最大限度地培养创新创业人才教师。"双师双能型"的师资力量团队在学生竞赛中，对于项目指导有重要意义。用竞赛的方式促进教学，促进师资力量的建设，从根本上提升教师的教学水平。

用竞赛的方式促进学校赛事开展能力，例如某高校，依据大学生自主创业为主题进行比赛，学校大力开展创新创业的活动，并要求各个部门进行通力合作配合着将活动赛事做下去。连续几届的赛事组织，让学校的赛事能力得到显著提升。随着赛事的逐年开展，不论是教师或学生在创新创业方面都取得了很好的成绩，教师的培训能力、学生的创业创新能力都得到明显提升。

### （三）构建实践平台

高校应该转变教学方式，由原先的单一化教学向多元化教学方式转变，组织学生参与课外实践活动，加强学生在实践中的经验累积和对生活中知识的了解，积极引导学生在实践过程中多思考创新解决问题的方法，培养学生创新意识和思维构架能力。

用竞赛的方式促进学校进行教学模式改革，用竞赛作为推动力，促进高校人才培养体系的优化整改。创立专门的机构，成立专业的高校创业小组，在日常生活中对学生进行创业培训等事务。建立创新俱乐部，对于创新出来的成果，进行成果转化；各部门积极配合，通力协作，在对高校人才培养过程中，不仅需要育人功能，更需要建立有效机制与之配合，合力工作；高校对于人才培育质量要有一定标准，要培养综合素质全面发展的人才，结合创新创业的教育目标，制订人才培养方案。将创业和教育结合在一起，将培养重心由知识向能力转变；建立人才培养机制，将创业创新的实践活动所得分数转化成基础学分，促进学生更好地参与实践活动；针对创新创业积极开展教育讲座等活动，提升学生创新创业意识；将竞赛和研究成果相结合，激励学生更加投入地去专钻研项目，培养学生创新精神和综合素养能力。

创新创业是开放性教育，创新创业实践在高校中也不是封闭状态，是相对自由自主的实践模式，是打通政府、企业的有效途径。通过竞赛将高校和其他地方形成联系，展开合作，建立联动模式，实现共同实践育人。构建校企、校地等共建创新创业合作机制，为人才提供培训指导、奖励机制、项目转化等优秀条件。高校和企业政府可共同举办竞赛项目，培育大众创业、万众创新的精神，对优秀的创业团队进行扶持鼓励，给予肯定。

## 三、强化创业培训搭建服务平台

在新的历史机遇下，农村创新创业势头强劲。农村作为创新创业的广阔天地，呼唤高职学生成就一番事业。而且，随着农村生活水平的提高，现代农民迫切需要提升教育科普、休闲娱乐、健康养生、文化创意等生态文化功能体验；农村现代产业急切呼唤产业渗透、产业交叉和产业重组基础上的农村+旅游、文化、保健、教育、休闲等多种模式的创新创业实践。

### （一）递进式创新创业教学平台

构建基于专业的递进式创新创业教学平台，做好顶层设计，强化教学供给，将创新创业教育融入人才培养全过程。

首先，厘清思路，做好第一课堂的顶层设计，融合必修课程与选修课程，回应人才培养服务国家乡村振兴战略的根本价值。将创新创业教育纳入人才培养体系，开设创新创业必修课程，巩固学生专业知识，激发学生的创新意识和创新潜能；开设创新创业教育和产业政策方面的选修课程，通过"创业基础""创业机会识别""企业领导力""形势与政策"等课程使学生深入理解创新、创业、企业、乡村振兴战略等概念和内涵，研判自己是否适合创业。目前，很多高职学生还没有意识到乡村振兴、产业融合对农村发展的巨大推动力，觉得农村基层艰苦，不愿意回到农村去。通过创新创业教学平台可帮助学生充分认识到当前乡村振兴战略释放的积极信号，抓住战略机遇期，激发"回到农村大有作为"的意识。

其次，建立创新创业教育与专业教育深度融合机制，积极开设交叉专业课程，实现从"创业课程"到"课程创业"的转化，充分挖掘各门专业课程中的"创业元素"。以视觉传播与制作专业为例，将人才培养方案中的素质能力对应创新创业教育能力培养，按照相应的《创新创业教育方案》，将创新意识、创新能力、创业计划等内容融入"创业初步—创业实践—创办企业"的学习情境中。将基于"教材+微课+慕课"的创新创业教育通识课程和基于专业的创新创业基础示范课程相融合，扩大学生的创新创业知识槽。

最后，以第二课堂为载体培养高职学生的创新创业意识，帮助学生掌握创业过程中的企业管理知识，为有创业意愿的学生提供知识和能力准备。在KAB（了解你的企业）、GYB（产生企业想法）、SYB（创办你的企业）等专项培训班中普及和宣传乡村振兴战略和农村创业知识，结合区域农村产业特色和专业，培养学生的创新意识和创新思维。定期邀请创业达人、乡村企业家来校开展讲座、创业沙龙等活动，帮助学生掌握创业基础知识和基本理论，了解创业相关政策和法律法规，熟悉创业基本方法和流程，为学生植入"创新创业基因",提升学生的可迁移技能和创新创业核心竞争力,从而为新农村建设提供智力支持。

## (二)"教学—实践—落地—市场"的创新创业实践平台

打造"教学—实践—落地—市场"的创新创业实践平台,开发培育符合乡村振兴产业需求的创新创业项目。

首先,遴选有创业意向的学生参与创新创业实践平台,同时,支持教师带领学生创新创业。创新创业实践平台中的创新创业活动作为学生层面的产学研实践,是专业教育的延伸。学生的创新创业活动与产业、专业紧密结合,学生成为学习者、实践者和研究者,促进了专业教育发展。

其次,学校依托乡村振兴战略全面整合校内外资源,与政府部门、咨询机构、专家学者、风险投资、公益基金等密切合作,在法律援助、财务管理、市场营销、知识产权、媒体支持等方面为学生创新创业提供帮助。优化创新创业教育的内外部条件,构建创新创业教育生态体系,将高职院校的技术资源和企业的金融资源与学生的创新创业需求精准对接,帮助学生在创新创业中实现自我价值。

## (三)"1+1+1+1"创新创业孵化平台

完善基于"创客空间—创业园—创新创业基地—科技园"的"1+1+1+1"创新创业孵化平台,探索对高职学生创新创业的个性化指导和持续性帮扶。创新创业孵化平台是提供产品设计、团队建设、技术支持、市场运营、风险投资、媒体支持等服务的载体。

创客空间——培育阶段:创客空间的定位是产生学生或指导教师的创新创业项目。在培育阶段,学校通过开展创新成果校园展示会、举办创业项目路演、实现科技成果转化等形式,实现产品和服务从无到有。创客空间可以定期举办IYB(改善你的企业)培训班、创业工作坊等高阶创新创业活动,为下一步的孵化阶段提供技术支持和新动能。

创业园——孵化阶段:创业园定位于依托已有产品和服务组建团队,基于创新创业成果展示与转化,进行二次研发、设计、生产及销售,对产品和服务进行完善。在此阶段,学校、企业和学生对创业项目的创新点、应用价值和成本收益进行论证,确定项目的可行性,并在此基础上对项目进行孵化。同时,学校要在创意展示、资源整合、项目聚集、共享合作、转化对接、管理创新等方面做好相关保障。

创新创业基地——企业建立阶段:创新创业基地定位于依托企业资源,开展传帮带的创新创业项目,完成企业的建立和深度孵化,依托供给侧改革,产生"小而专、小而精"的具有核心竞争力的创新创业企业。

科技园——资本市场阶段:科技园定位于扶持规模化运营的企业。学校打通"教育—指导—投资—孵化"的教育全链条,搭建学生创业融资平台,破解创业资金短缺难题,增强创业社会支持系统。企业通过产品和服务的标准化,产生辐射效应和规模效应,服务于区域经济发展和乡村振兴战略。

创新创业教学平台旨在为学生提供知识传授、意识培养、技能训练等共性方面的内容，创新创业实践平台关注为学生提供高阶的技术服务和支持，但是针对不同学生创新创业过程中千差万别的个性问题，还需创新创业孵化平台提供个性化指导和持续性帮扶。

### （四）"双师型"创新创业师资队伍

建设"学院专业导师+创业实践导师"的"双师型"创新创业师资队伍，为学生创新创业"把脉开方"。通过"培育+聘请"模式建设"学院专业导师+创业实践导师"的"双师型"创新创业师资队伍。一方面，学校制定激励政策，鼓励师生共同创新创业，使专业教师在创业实践中提高操作技能和实践教学能力。同时，定期组织教师参加创新创业教育专题培训与交流，培育以专业教师为主体的创新创业师资队伍。另一方面，聘请优秀乡村企业家、创业达人、高级技术人才等担任创业实践导师，指导学生创新创业活动。

## 四、返乡大学生众筹创业体系构建

众筹是一种建立在更广泛众包概念基础上的现象，它以互联网平台为媒介展示产品或者创意，通过团购、预购等形式向大众筹措资金、技术等，实现"筹钱、筹人、筹技术"的目标，从而完成创业。因此，在乡村振兴战略背景下构建返乡大学生众筹创业体系是极其重要的，一方面，有助于提高返乡大学生创业成功率，鼓励更多的大学生返乡创业，将有助于返乡大学生创业进程的推进；另一方面，有助于新时期"三农"的发展，解决农村"三空"问题，增加农民收入，促进农村经济社会的发展，提高农民的生活水平，进一步促进乡村振兴战略的深度化实施，从而助推"大众创业、万众创新"局面的形成。

### （一）返乡大学生众筹创业体系的必要性

众筹无疑是解决返乡大学生创业问题的最佳选择，众筹是一种建立在更广泛众包概念基础上的现象，它以互联网平台为媒介展示产品或者创意，通过团购、预购等形式向大众筹措资金、技术等，即实现"筹钱、筹人、筹技术"的目标。众筹创业体系对于返乡大学生创业具有实际意义，有助于返乡大学生创业进程的推进。

1. 拓宽返乡大学生创业的融资渠道

资金是制约返乡大学生创业的首要问题。大学生正是因为无法筹措到充足的创业资金，才会停留在返乡创业的门槛之外，而众筹因其融资的便捷性无疑是解决返乡大学生创业资金难题的最佳途径。返乡大学生传统融资的渠道主要是个人积累、家庭朋友支持以及银行贷款，融资渠道较为狭窄，并且由于创业过程充满各种不确定性以及各种风险和挑战，需要充足的资金作为保障，但是传统渠道获取的融资，无法应对这些风险和挑战。众筹就是指大众筹资，是指用团购、预购、发放股权、捐赠的形式，向社会公众募集项目资金的模式，其本质是互联网金融。众筹将原本狭窄的创业融资渠道拓宽为对产品感兴趣的社会成员，只要是对返乡大学生的创业产品感兴趣，都可以预先采购或者投资该产品。一方面获取了足额的创业资金，另一方面是以预购的方式进行融资，提前将产品售出，保证了产品的后续销售额，拓宽了产品的销售渠道，有助于提高返乡大学生创业的积极性。

2.解决返乡大学生创业技术等资源难题

返乡大学生由于自身知识、经验等因素的约束，无法全面及时应对创业过程产生的各种问题及挑战。资源匮乏是约束返乡大学生创业最主要的因素，这些资源包括技术、运营、市场等，每一项都是创业所必需的，但这也成为返乡大学生面临的困境。众筹创业体系可以有效解决这一困境，众筹不仅可以拓宽返乡大学生创业融资的渠道，还可以帮助返乡大学生筹措技术、人力、市场、运营等资源。由于众筹创业体系面向的是全体社会成员，只要对众筹平台发布项目感兴趣的社会成员都可以进行招募，招募的范围更广泛，可以更好地解决技术、运营等匮乏造成的困境，并且他们是因兴趣聚在一起，这比传统的雇佣制更能促进创业活动的进行。

3.检验创业项目的可行性

返乡创业大学生由于市场渠道的限制，无法提前预知产品的市场可行性以及市场受欢迎程度。只有等创业产品投入市场以后，才能了解到该项目书是否可行。由于市场充满各种不确定性，如果不能精确地预测到该创业项目的市场份额及市场可行性，就会造成一些不良的结果，造成资金的亏损与资源的浪费，并且打击返乡大学生创业的积极性，不利于返乡大学生创业进程的推进。众筹因其独特的模式设计，可以有效检验创业项目的可行性，当返乡创业大学生将即将实施的创业项目发布到众筹创业平台后，根据项目的实施进度以及受欢迎程度进行项目可行性的判断，如果项目在预期内完成众筹，则表明该创业项目的可行性和市场受欢迎度比较高，可以进行项目落地；如果项目在预期内没有完成，则表明该项目的可行性和市场欢迎度较低，不能将项目落地，这样可以有效节约返乡大学生的创业资金与资源。

（二）返乡大学生众筹创业体系的构建

1.政府层面

政府在返乡大学生众筹创业体系中发挥着主导作用。一方面，政府应完善众筹法律体系。由于众筹和非法集资在形式上是相同的，往往会将众筹归为非法集资，这就需要政府充分界定众筹和非法集资的概念，完善众筹法律体系，为返乡大学生众筹创业体系的构建提供法律保障。另一方面，政府应在众筹创业平台中发挥引领作用，积极发动有实力、有知名度、有影响力的互联网等企业成立返乡大学生专属创业众筹平台企业，为返乡大学生众筹创业提供项目发布和融资的平台。

另外，政府应积极落实返乡创业政策，强化执行，并且在资金、培税收等方面要为返乡大学生提供充足的支持与帮助，给予一定的创业补助，要建立完善的创业支持体系和创业动态反馈机制，对返乡大学生创业放宽相关要求并做好过程服务，简化返乡大学生创业登记办理事项，为返乡大学创业做好充分的基础保障。

2.学校层面

高校要加强返乡创业的人才体系培养，积极提高大学生的创业素质与创业能力。一方面，高校应该依据返乡大学生众筹创业的实际情况，设计相关创业教育课程，更新创业教育内容，使其契合当前返乡创业的实际需求；要引进专门的创业教育教师进行授课，实行通识型与精准式相结合的授课模式，依据不同专业的特点差异化授课并且不断深化和培训创业教育教师的教学知识、教学方法、教学技能等，充分保证大学生创业教育的质量。另一方面，应该加强大学生的众筹创业教育的实际训练，在前期理论知识的基础上，构建大学生众筹创业实践训练平台，将理论与实践充分结合起来，使大学生更深入地理解创业教育，掌握创业技能与技巧。

另外，高校应与相关众筹创业企业建立校企合作，为大学生的创业训练增添更为实际的训练效果，从而增加相关创业经验，并且在众筹企业实习过程中能学到关于创业的运营、市场等知识，对后续创业起积极的促进作用。

3. 个体层面

在返乡大学生众筹创业体系的构建过程中，大学生自身也应付出一定的努力。一方面，大学生应改变自身的思想观念，认清当前严峻的就业形势，并不只是在城市才能实现人生价值，返乡创业更能实现人生的意义，并且能够创造美好的生活，自身要树立积极的创业意愿，对于返乡创业要有正确的态度，将人生价值与乡村振兴紧密地结合在一起；另一方面，大学生应努力学习专业知识和创业教育内容，打好理论知识基础，了解与创业相关的最新资讯与政策，并且不断主动学习创业技巧与技能，进行创业模式实践训练。在空闲时间，要争取更多的公司实习、学习运营、市场等方面的经验，为后续的返乡创业打好前期基础。

# 第五章 服务乡村振兴战略高职院校创新创业人才培养的途径

## 第一节 加强顶层设计与整体规划

在乡村振兴人才培养过程中,应以顶层设计为指导,制定整体规划,以整体规划为辅助,实现顶层设计目标。明确涉农工作所涉及的需求和供给结构,对人才类型进行总结和归纳,优化涉农工作中的人才结构,使乡村各专业人才能够更好地应对涉农工作,出台关于人才培养的规划纲领,推进高校乡村人才培养和乡村工作队伍建设更加精准和专业。

### 一、动态短期的人才规划

推动乡村振兴过程中,有关政策更新快,项目多样,所需的人才类别多、变化快,长期的人才规划和按照编制指标进行招聘的方式无法满足需求,因此要按人才供应链管理理念进行动态短期的人才规划。紧密联结各村发展规划和外部人才市场,动态更新用人标准,建立用人标准和人才需求及时更新的机制,确保人才管理和供给模式能跟上乡村快速发展的要求。以项目为主导,短期的人才需求预测更为有效。项目主导、问题导向的短期人才需求预测可以增强人才规划实效性。

人才保障措施也是人才规划的重要方面,乡村人才编制、安居、流动、激励和创业资助等方面的保障政策有助于构建人才安心乡村、扎根乡村的长效机制。其中,教育和医疗人才的规划和引进尤其值得重视,加强乡村教育、医疗人才队伍建设,是乡村引人留人的核心保障。可以设立乡村中小学或乡镇卫生院特岗计划,吸引教育和医疗人才服务乡村,并定期组织其到县级以上教育或卫生医疗部门学习培训,提高其业务水平,同时在待遇方面适当提高各类补贴标准。教育和医疗类人才的引进,一方面充实了乡村人才队伍,另一方面作为保障型人才,又为其他各类专业型、技术型、管理型人才的引进提供了支撑。

### 二、灵活标准的人才盘点

科学有效的人才数量、技能、素质盘点是充分利用人才资源,合理制订人才计划的前提条件,但目前各村几乎未开展系统的人才盘点工作。由于人才盘点工作的专业性,各村镇需要借助人力资源专门人才,利用标准化工具和市场数据建立乡村人才测评中心,对人才数量、能力和人才利用率进行及时盘点，帮助村镇制定人才管理策略。还可以利用技能矩阵即时盘点乡村人才数量和技能，实现项目团队组合最优化，而且团队式、项目制的人才盘点更加符合供应链的管理思想，即低成本并及时匹配业务发展的要求。需要建立系统的盘点机制，实现灵活、便捷、及时的乡村人才盘点，人才供应链理念要求将定期盘点固化成管理流程的必要环节，以便能够及时掌握现有人才的数量、技能、素质状况，并根据这些状况做出招聘、培养以及晋升的决策。以项目团队为单位的人才盘点是为了适应乡村振兴产业发展的需要，充分体现了"人才因产业而聚，产业因人才而兴"的思路。

例如，某村计划利用地域特色和自然风光优势，打造"农业+文化+旅游+教育+康养+互联网"的乡村新产业，则该村人才盘点工作除了盘点现有人员数量、学历、技能、素质之外，还应建立在外关联人才库，盘点本村外出相关人才，有针对性地考虑通过项目、亲情、政策等吸引其回乡创业或就业。

### 三、无时差的人才补给

乡村人才匮乏并且需求变化快，导致人才补给不够及时，影响业务开展和项目进度。人才供应链管理理念认为，乡村人才供给模式应该由提前预测转变为需求产生之后的及时补给，并不断缩短补给时间，同时将内部供给和外部引进相结合，在内部供给难以满足需要时更多依赖外部引进来提升乡村人才的供给效率。

由于外部人才竞争激烈，乡村又处于竞争劣势，因此需要策略性地整合资源建立人才库，通过学校、人才招聘网站、猎头公司、人才外包服务商等外部资源实现乡村人才的及时补给。建立基于项目的内部人员流动机制，各乡镇可统筹调配，柔性、灵活地安排各类人才到各项目发挥才能，以调整各村之间人才供给和需求不匹配现象，同时为乡村人才提供更多施展特长和技能的机会。

目前，乡村人才补给渠道有待拓宽，一方面可以依据乡村发展需要设立紧缺人才专项临时编制，项目完成之后可对临时编制适当调整；另一方面要重视生活设施建设，营造人才归属感，同时，建立乡村创业孵化组织，通过多元化的资金补贴，为乡村人才创业提供覆盖初创期、成长期的支持政策。

### 四、ROI最大化的人才培养

随着乡村的快速发展，人员能力难以匹配乡村发展需求成为乡村人才问题的"瓶颈"。在乡村人才培养方面，在实践中学习的方式更加贴近真实的工作任务，学习成果更有利于推动实际业务开展和绩效提升。

另外，人才供应链管理理念强调，要有预测性地培养乡村人才的沟通、管理、领导等通用技能，而对岗位专业技能的培养则通过及时的培养以匹配新岗位的要求，这也是符合人才供应链思想的培养模式，并对岗位绩效提升产生积极作用。培养方式应以小批量、多批次为主，以提升培养周转率，及时消化培养后的乡村人才，提高ROI，同时，建立乡村人才培养管理机制，将能力提升结果和晋升挂钩，提高培养成效。

以乡村基层干部队伍建设为例，应坚持"从一线选拔，从基层培养"的用人导向，优先培养基层经验丰富、政治素质过硬、业绩表现突出、群众普遍认可的干部，同时要关注村镇干部的成长进步，落实职务与职级并行，使他们职业生涯目标明确，工作更有动力，从而打造一支业务能力强、百姓信赖、组织放心的乡村干部队伍。

## 五、积极有效的人才引导

由于乡村条件限制，各种保障措施不到位，加之不少人对于投身乡村工作的偏见，各类人才扎根乡村的意愿较低。而工作生活条件和保障措施是可以通过政策倾斜和各方努力得到逐步改善的，但是扎根乡村观念上的偏见却是根深蒂固的，并且服务乡村的观念引导一直是乡村人才工作中被忽视的内容，导致乡村引才、留才困难重重。

因此，在人才引进宣传中，需着重实施积极有效的观念引导，强调投身乡村振兴工作所带来的个人价值和社会价值的统一和共同提升，力争通过宣传引导，将投身乡村工作、服务乡村振兴打造成青年人才的就业选择新风尚。除了观念上的引导，政策导向同样重要。以各类专技人才为例，要在评聘上体现基层导向，对乡村专技人才的职称评定以实际业绩为主，定期为乡村专技人才提供学习、交流、深造和培训机会，提升其职业发展潜力；在住房、交通、教育、医疗等方面出台专项政策配套，有效解决乡村人才在工作生活中可能遇到的实际困难；增加乡村评先评优指标，增强乡村人才职业自豪感和认同感；做好乡村优秀人才的评选表彰，加强返乡创业先进典型事迹的宣传，推荐有突出贡献的乡村人才优先晋升，为乡村人才的职业发展创造良好的舆论环境和社会氛围。

## 六、加强教师队伍建设

基于专业化的目标定位，服务于职业教育的教师队伍建设需将乡土情怀浸润在隐性课程中，将乡土资源融合在教师课堂教学中，将产业振兴能力提升依托于各类竞赛活动或共同体建构中。在具体实施过程中须以乡村社会结构事实为基本前提，从队伍建设的质量、资源整合和人事管理改革等路径入手。

1. 科学预测教师队伍建设的质量规格需求

服务于乡村振兴的职业教育教师队伍结构应具有"乡村社会"特性。在获取政策性发展机遇时，首先需对教师队伍的需求做出客观预判，防止在"摸着石头过河中"出现一窝蜂或无法满足发展需求等现象。这种预判既要满足宏观层面需求，如数量预测与质量规格，也要符合微观层面的专业素养判断，如乡村现代农业知识与生产技能评价。以现代农业体系建构所需劳动力市场职业技术人才需求为出发点，倒推乡村振兴中职业教育教师队伍的数量与质量规格要求，保证教师数量补给的充足匹配性，保障教师专业素养结构的充分适应性，至少要实现在专业结构上与乡村社会结构中所需专业基本一致，比如配齐农林医等专业，或新型现代化农业发展与农产品销售等所需的农村电商专业教师队伍等。

通过科学预测，建构服务于乡村振兴的职业教育教师队伍保持良性有序的补给机制，形成满足乡村振兴职业技术人才培养所需的年龄结构、职称结构、学缘结构和专业结构等教师队伍结构配备，使他们真正促进乡村社会振兴，能在专业理念、专业知识、专业能力等方面与乡村社会结构及发展相匹配。科学的预测是教师队伍得以合理建设的基本前提，恰当的结构配比是教师队伍建设的基本保障。获取区域性职业教育教师队伍人才的面板数据开展科学的统计分析，并与区域性乡村产业结构分析和产业振兴所需职业技术人才数量预测之间建立基本的逻辑关系，这是避免在教师队伍建设中出现一窝蜂现象或不能有效满足需求的重要措施。

2. 创新建构"双师型"教师队伍的培养体制

"双师型"是职业教育教师队伍专业化建设的具体体现，对实现职业教育如何服务国家战略，融入乡村区域经济，促进乡村社会产业升级具有重大意义。2018年1月20日，中共中央、国务院颁布《关于全面深化新时代教师队伍建设改革的意见》明确提出"全面提高职业院校教师质量，建设一支高素质双师型的教师队伍"。在2019年初国务院发布的《国家职业教育改革实施方案》中，第十二条明确指出要"多措并举打造'双师型'教师队伍"。可见，建设一支"技艺精湛、专兼结合"的"双师型"教师队伍，既是职业教育发展的理性回归，也是职业教育回应乡村振兴发展的必然要求。

"双师队伍"的内涵主要包括两个方面，一是指职业院校教师要有由专任教师和企业兼职教师共同组成的数量特质；二是指职业院校专任教师要具备理实兼强的质量特征，具体表现为既要有理论知识储备，又要有实践应用技能。而对服务于乡村振兴的职业教育教师队伍建设来说，在理论知识储备上既要注重培养教师的乡土情怀，树立反哺乡村社会的意识，更需重视对教师田间技术能力的培训培养。

可将高水平技术类师范院校纳入教师队伍的职前培养体系中，并确立凸显乡情素养、乡土资源开发应用以及乡村产业振兴能力的教师培养目标，教育理念、课程设置、考核评价等均需围绕此目标进行。也可通过与当地的农林科医等高校合作，建构长期培训、专家引领、依托平台、持续成长的职后培养体系。比如，支持那些区域性高水平技术类师范院校或当地其他农林科医等院校与大中型企业等在乡村社会共建"双师型"教师培养培训基地，定期开展面向乡村振兴、服务乡村振兴的各项主题培训等。

3. 多措并举改革

教师队伍建设的人事管理制度与中小学教育教师队伍建设相比，服务于乡村振兴的职业教育教师队伍建设具有以下特点：师资来源更多元，师资专业要与乡村产业结构匹配结合，师资工作场域不仅在学校更在田间地头。所以，服务于乡村建设的职业教育师资队伍建设更为复杂，其相关人事管理也面临更多挑战，在"师资库建设、师资人员的遴选、聘任、培训考核、激励、评估、资质和资格认定等"环节都需围绕建构一支专业化的师资队伍目标定位进行。

（1）建构灵活与严格兼具的管理制度

教师人事制度的基本职能是保障师资来源稳定、队伍结构稳定等，但服务于乡村振兴的职业教育教师队伍建设还要突出对技能与技术的重视，因此教师人事制度应更为灵活，既要有可变通的准入机制，也要有较为严格的退出机制；既要在人事制度上保障有充足的兼职教师，也要有严格的考核评价指标体系判断兼职教师的工作绩效。

（2）完善师资长效补充机制

可通过定向招生、定向培养、灵活退出的方式吸引优秀青年参与乡村振兴。以企业工作经历、农村社会熟悉程度、农业生产技能的考核评价等为基础，重视能力而非学历，重视经历而非文凭。特别是兼职教师，可尽量从乡村社会中的乡土农业种植人才或技能人才、能工巧匠以及非遗项目传承人等进行内部挖掘和培养。

（3）人事制度改革中逐步突破"离农"价值观藩篱

比如，做好服务于乡村振兴职业教育教师的职业生涯规划，以职称倾斜、额外补助等措施激励教师参与乡村产业振兴的积极性；对返乡农民工培训既要有短期性的技能获得性训练，更要有长期性的持续成长跟踪指导；逐步完善对口支持帮扶与指导制度，增加技术人才的师范教育专业培训，避免技术类人才空有自身技术，无法很好传授的现象出现。

（4）探索人事制度改革的新举措

比如，有的地方已经在实施"科技特派员"政策。所谓"科技特派员"，是指立足区域产业发展需求，从教师中选拔，派驻到区域内的政府机构[如工业园区管委会、县（区）科技局、专业村镇]、行业（工商联、行业协会）及龙头企业等开展产学研结合工作的科技人员。"科技特派员"在乡村振兴中扮演着政府、行业、企业、职业院校等多元混合角色，通过与服务企业之间建立良好的信任关系，参与企业生产各个环节，同时又能充分利用企业各种资源，为乡村社会中的各种产业结构转换、项目开发、产品开发、农产品产业化成果转换提供咨询服务、技术支持等。建立以能力与技术为双重标准的聘任制度，改革教师队伍的评价方式，比如职称评审要求从对学历与论文的重视转为对能力与技术的强调等。

4. 完善多主体参与的资源共享机制

任何一个领域的教师队伍建设都需辅以相应的资源保障，当职业教育的教师队伍建设是在面向乡村社会结构或乡村产业结构时，这种资源保障将显得更为关键，因为服务于乡村振兴中的职业教育还处于粗放式发展阶段，职业教育与乡村社会中的产业或技术之间发生的是单向度联系。此时，对于职业教育的教师队伍建设来说，亟须在有限资源的客观前提下，通过多主体协商一致参与的方式整合、优化资源组合方式，集中力量局部发展，以发挥示范辐射引领作用。

一方面既要注意梳理乡村社会中有哪些资源可为教师队伍建设助力；另一方面要鼓励高校、企业及其他有志于参与乡村振兴的各方主体在协商一致基础上充分发挥能动性，为教师队伍建设献策献力。政府从经费支持、政策引导及资源供给等方面发挥切实主导作用，为教师队伍建设打通各方关系壁垒、人事制度藩篱，联结资源平台，设立"双师型"队伍工作室等。

各种共同体建构是多主体参与实现教师队伍资源共享机制的关键。

（1）基于机构合作的共同体创设

一是多级主体合作：促进职业教育与当地村委、农机社、合作社、医疗部门、教育部门等之间深入合作，建构职业教育教师专业发展共同体。

二是评级主体合作：职业院校与地方师范院校、工科院校、农业院校等合作，共同建立以乡村产业结构为基础的职业教育教师合作培养平台。

（2）基于人员合作的教师队伍专业合作群创建

这种专业合作群"一般由三个及以上专业组成，通过专业的集群发展，优化组合专业群教学资源，推进群内各专业的课程、师资、实验实训等教学资源共享"。建立与乡村产业结构相关的职业教育教师队伍专业发展的"名师工作室"，形成各类教学资源、技术资源共享的专业共同体。建构以机构合作增加教师专业发展所需资源的供给渠道，以人员合作优化教师队伍建设的资源组合方式。

## 第二节　实行统筹推进与分类施策

由于发展乡村涉及的产业和发展途径不同，故乡村振兴人才需求不仅总量大、涉及层级和专业差异性大，且对人才的综合素质要求很高，需能融通管理、物流、技术等多层面的专业知识，故高校在培养人才过程中，对各专业的人才需求不能偏颇，需根据当地农业经济发展的需要和当地产业特色，制订最适合该地区的人才培养计划。对不同类型人才的缺失，需要针对其原因，采用针对性的解决办法，以补充人才储备。

### 一、积极投身农村文化建设

文化振兴是乡村振兴的重要内容，也是农村经济社会发展的短板之一，乡村振兴提出要繁荣兴盛农村文化。网络上风靡一时的李子柒就是振兴乡村文化的典型代表，她通过真实反映农村地区古朴的传统生活，围绕乡村中人们衣、食、住、行，传递出积极向上、乐观豁达的生活态度，一定程度上也是乡土文化的重要范畴。从当前的情况来看，农村地区的基础设施有了极大的改观，但农村地区文化体育设施依然不能有效地满足人民的需求，哪里有需求，哪里就隐藏着商机。在农村地区，早教机构、书店、电影院、青少年课外培训机构等普遍缺乏，一方面存在需求不旺盛的客观实际，另一方面体现出农村地区文化事业的匮乏。通过深入挖掘和拓展优秀的传统文化，同时充分融合时代元素，在文化保护的守正创新中寻找创业的最佳契合点，农村地区文教娱乐行业和文化创业等方面对大学生创业而言，存在很大空间和广阔舞台。

#### （一）乡村振兴战略背景下大学生助力新农村文化建设的意义

1. 有利于推进乡村振兴战略的实施

实施乡村振兴战略，是党的十九大作出的重大决策部署，是决胜全面建成小康社会、全面建设社会主义现代化国家的重大历史任务,是新时代"三农"工作的总抓手。繁荣兴盛农村文化、焕发乡风文明新气象是乡村振兴战略的重要目标及内容之一。大学生的参与助力为农村文化建设注入了新的活力,一方面,他们带去了先进的新文化理念,为新农村文化建设提供了丰富的思想内容和精神支柱;另一方面,大学生参与新农村文化建设,能让一些传统文化得到很好的推广和传承,促进乡村精神文明建设,从而促进农村现代化的全面发展。

2. 是当代大学生按先进生产力发展要求成才的重要途径之一

当代大学生不仅能通过农村这个窗口了解我国的基本国情,掌握新农村发展的现状,同时还能得到传统文化的哺育,不断地在社会实践中增长才能,磨炼意志,通过参加新农村文化建设中的各项活动,学习到更多的社会实践经验,培育"乡情乡愁",树立社会主义新农村建设意识,激发当代社会主人翁意识,积极主动地投身社会主义现代化建设。

### (二)乡村振兴战略背景下大学生助力新农村文化建设的创新路径

1. 农村传统文化的发掘与传承

中华民族传统文化博大精深,而农村的优秀传统文化是中华民族优秀传统文化中不可或缺的一部分,它包括传统文化建筑、传统民间手艺、传统民间习俗等。我国的传统文化是在农耕文化的基础上产生和发展起来的,它有着极其丰富的内容和浓厚的氛围,而这些年城镇化进程迅速,农村逐渐出现"空心化""老龄化"现象,传统的农村文化观念在一步步淡化,大量传统文化建筑遭到破坏,传统民间手艺面临失传,大量文化基因逐渐流失,严重影响了地域新农村文化的建设与发展。

因此,乡村振兴战略背景下大学生助力新农村文化建设要重视农村传统文化的发掘与传承。大学生深入农村学习和发掘地域传统文化特色,了解当地文化发展历史,有利于地方文化的广泛传播和推广,能增加传统文化的影响力。

除此之外,大学生在了解和学习地方传统文化的同时,能让他们对中华民族的文化有更深的体会和认识,让新时代知识人才更了解中国的新农村,从而培养他们的乡土情怀、故土情结,记住"乡愁",保持乡村文化记忆,它有可能是村口的一棵古树、爷爷手里的一把二胡,或是一栋破旧的古屋,等等。大学生可以参与农村传统文化的保护中来,通过调查、采访、收集各种民间文化遗产,并采用图片、录音、录像等数字化技术等手段对传统乡村文化进行归类与整理,还要积极学习濒临失传的传统民间手艺,将它进一步发扬光大。

2. 新农村文化的创新与发展

建设社会主义新农村,文化起到至关重要的作用,然而随着农村经济的迅猛发展,一些陈旧的、保守的传统文化已经不适应新农村发展的需要,慢慢暴露出了它们的缺陷和短板。大学生作为新时代高科技人才,有责任也有义务承担起引领文化发展的重任。大学生在充分了解地域文化的基础上,应该积极传播正能量的新农村文化,在文化活动的内容和形式上赋予更多的时代气息,打破时间、地域的限制,加快城乡文化的交流和融合,带领当地村民营造一种浓厚的文化氛围。比如，针对一些传统的民间手艺面临失传的问题，大学生可以在支教过程中，采用先进的多媒体设备或是有趣的实践活动，组织农村小朋友集体学习，让他们真正认识到这些传统手艺所散发出来的魅力；或是把这些手艺带到城市的课堂中去，让更多的城里孩子也有机会接触到这些有趣的传统手艺，并且有可能将这些技艺进行发展和创新。

新农村文化发展滞后还有一个重要原因就是农村居民的新文化意识比较淡薄，传统的农耕经济思想根深蒂固，不愿意接受和尝试新事物，他们有些甚至对大学生下农村实践持不同态度和看法。一方面，他们认为大学生的下乡实践活动就是"走过场"，所以在各种活动中缺少积极性，参与度也不高；另一方面，他们觉得大学生的实践活动影响了他们的日常生活，给大学生提供住宿和活动场地也增加了他们的负担。针对这一情况，大学生在助力新农村文化建设活动中，就要注意把新文化建设和本地的传统文化特色结合起来，要深入到群众中去，充分了解村民喜好，用他们乐于接受的形式，紧密联系他们的生活实际，组织大家都乐于参与的新文化活动形式，增强村民凝聚力，构建和谐的乡村文化氛围。

3. 新农村文化品牌的打造与推广

在"绿水青山就是金山银山"发展理念的引领下，乡村打造文化"软实力"的力度持续升级，各地开始启动"新农村文化品牌建设"工作。如何利用地域优势，结合本地特色的文化资源，大力打造乡村特色文化品牌，也是乡村振兴战略背景下大学生助力新农村文化建设的重要路径之一。由于经济条件及文化水平的限制，我国农村许多具有浓郁民族气息和地方特色的文化品牌未能得到完善和推广，导致这些品牌很难发展起来并走出去。这些品牌文化急需一批有文化、懂技术、会经营、善管理的复合型人才来参与。

大学生的下乡实践就如同为农村的文化品牌打造注入新鲜的活力，大学生可以利用在大学学习到的科学知识，研究当地地域的文化特色，找到更多文化品牌的切入点，打造创新创业项目。如今，旅游文化、服饰文化、农产品文化等内容层出不穷，大学生相关的创新创业项目也遍地开花。同时，在新农村文化品牌的推广上，大学生也具备一些得天独厚的优势，他们有思想、有技术、有能力，无论是品牌创意、品牌策划还是品牌包装上都具有明显的创新性，这无疑增强了品牌的竞争力，更能有效地带动地方经济的发展。

4. 新农村文化活动的组织与开展

社会主义新农村文化建设就是要大力开展农村公共文化建设，并在此基础上，发动群众大力开展多种形式的、体现农村特色的文化活动，丰富人民群众精神文化生活，提高村民综合素质，培育淳朴民风、和谐乡风。社会主义新农村建设带动了农村经济的迅猛发展，同时也为农村文化建设提供了一定的基础与保障，许多农村地区都修建了村民文化娱乐场所，添置了大批文化娱乐设施，组建了文化活动团队，并对文化活动的开展给予了一定的经费支持，但由于部分基层文化工作人员对农村文化建设缺少认识，不了解经济建设和文化建设相互促进、相辅相成的关系，忽视了农村文化活动的意义，再加上文化队伍整体素质不高，缺少思想活跃、个人素质高、组织能力强的人才，不能起到领导和组织群众参与文化活动的作用。

当代高校大学生，尤其是职业院校的大学生，他们不仅具备丰富的学识、过硬的专业技能，而且多才多艺、具有创新精神。有了这些大学生的参与助力，新农村文化活动才能焕发出新的活力与生机。

## 二、提高技术创新服务能力

目前，农村地区一、二、三产业的融合仍处于发展阶段，以农产品粗加工为主的传统生产加工项目依然占主流，在科技创新等方面极度缺乏，一方面大量的农副产品滞留在农村地区，另一方面在城市等地区农副产品价格居高不下，农村和城市市场呈现两极化和剪刀差。随着农村地区的发展，科技成果转化和科技创新对农村地区发展起着一定的助推作用，越来越多的农副产品可以通过科技的平台进入千家万户，因此，高校返乡创业毕业生要不断地加强自身技术创新实践，增强项目的产业链条和辐射带动价值，通过发挥科技的作用，在农村地区寻求切合时宜的创业项目，确保项目接地气、能见效，解决农村地区科技创新问题，促进农民增收、农业增效，加快农村经济的发展。

### （一）创新人才成长的"五链"因素

创新链、产业链、资金链、政策链、人才链（"五链"）融合对创新人才成长具有强大的推动力。剖析乡村振兴战略下创新人才成长过程中的创新链、产业链、资金链、政策链、人才链因素，有助于有针对性地提出促进创新人才成长的路径。

1. 创新链分析

创新链主要包括整合要素、创造研发、商品化运作、社会效用等环节。强大的创新链条，能够加速创新人才成长。然而，乡村在调动和整合人财物、信息和知识等创新要素方面还未形成链状体系，虽然一些乡村吸引了高校和科研院所聚集，但是未能将科研力量与企业的市场需求有效衔接，在科技成果从创意产生到商业化生产销售整个流程的链状结构中，难以实现知识和技术的转化、增值以及经济化。乡村振兴中的创新链主要集中于上游的高校和科研院所，而下游众多的农业企业特别是民营企业的创新潜能尚未完全释放，校企合作、产学研相结合服务于乡村振兴方面亟待加强。

2. 产业链分析

壮大乡村产业链条，可以为创新人才成长夯实发展根基。当前，农业农村产业结构不优、市场化程度不高，第三产业比重落后于全国平均水平，产业高级化进程慢，明显滞后于发达城市。而且，乡村的市场配置产业资源作用不足；乡镇企业市场主体数量相对沿海发达城市相差较大；中小微农业企业规模小、数量少、人才吸纳能力不足。另外，乡村产业结构升级慢，部分传统农作物产业去库存难度大，部分养殖产业受制于环保政策难以推进，高新技术和其他传统创新性产业发展受阻。一些产业集群集中度不高，乡村振兴中高新产业人群面临数量少、规模小、集成化不足等问题。

3. 资金链分析

目前，乡村缺乏足够的资金吸引参与乡村振兴的人才，尤其是创新人才。省会城市汇聚了大部分省内创新人才，偏远乡村的平均工资相对城市明显偏低，没有比较优势。而从行业来看，金融和互联网是薪酬最高的领域，汇聚了更多的创新人才，而农业金融供给和"互联网+"恰好是乡村的弱项，没有形成规模的产业、有影响力的企业、成体系的资金链，难以提供有吸引力的就业岗位，造成金融、互联网人才大量外流至沿海发达城市。同时，在中美贸易摩擦影响下，不断攀升的农业企业成本给乡村带来了沉重压力。

4. 政策链分析

人才创新，政策引领。纵观乡村振兴战略中支持人才特别是创新人才成长的政策，主要集中于科技、人社等职能部门的常规政策，重磅性的文件主要是部分省份的一些人才政策，如湖北省的《湖北省深化人才发展体制机制改革促进人才创新创业》《深化人才引进人才评价机制改革推动创新驱动发展》，但是这些政策以明晰目标为主，具体有吸引力的政策较少、落地较难，如虽确定引进培育高技能人才，但是政策激励的方式、优惠措施的制定还不明晰。相对于发达城市引进、培育和激励创新人才的力度，农业农村吸引人才的政策效用还有待加强。

5. 人才链分析

在人才链的上游，农村难以具备发达城市高校云集的规模和质量优势。在人才链的中下游，特别是直接制约创新成果转化的下游，农业产业基础差、利润低，处于吸引人才的"弱势"地位，人才链的引擎作用难以发挥。人才引进的力度不大、本土人才培养的平台不高、留住人才的基础不牢，导致长期以来的"人才外流"趋势难以扭转。在创新人才激励方面，乡村振兴中束缚创新的桎梏依然存在，相对于北京等地以创新成果转化的70%奖励科研人员，加大对院士、"长江学者""楚天学者"等高层次人才的选拔、引进和丰厚奖励，乡村振兴实践中由于人财物资源不足，"筑巢引凤"较少。此外，乡村对丰富的上游人才链中的本土人才培育不足，缺乏潜在或者未来创新人才的"孵化、投融资"等一站式保姆服务。

（二）"五链"融合促进乡村振兴创新人才成长的内在机理及作用机制

1. "五链"融合促进乡村振兴创新人才成长的内在机理

（1）相关理论介绍

引入系统论、协同论、产业链相关理论和人才成长规律，有助于研究创新人才成长的影响机制。

一是系统论。系统是由若干要素按一定结构、相互作用联结成具备某种功能的不可分割的有机整体。系统论主张基于结构构件和功能打造，形成要素单元、环境条件与系统整体互动，以实现整体目标，其核心思想是结构性构建、时序性运动、关联性互动、整体性功能、平衡性瞬时，发挥"部分之和小于整体"的功能作用。系统思想的关键是如何重组要素以实现系统功能最优化。

二是协同论。协同论主要研究各种不同的系统通过协同效应、伺服原理、自组织原理，从无序到有序的相似性规律特征。组织在开放系统下自身协同，实现空间、时序和功能三大结构维度的有序协同。子系统相互协调、协作或同步，从竞争转化为动力。系统有序化取决于互动力量及其协调规律，从原有的混沌状态经过有序质变，实现系统新的均衡。

三是产业链论。产业链论认为，产业链包括接通与延伸两个环节，是由企业链、供需链、价值链、空间链组成的企业关联、产业联动、经济互动、市场需求联结的产业发展链条。其中，企业链是产业链的核心和调控实质，构成微观自我调控、中观产业调控、宏观政府调控及产业对接四个调控维度。

四是人才成长规律。在人才生命周期理论指引下，人才开发和使用经历诞生、成长到成熟的发展过程和规律。在人才培养实践中探索、掌握和运用规律，可以减少人才培养的盲目性。

（2）具体理论应用

一是乡村振兴中"五链"融合的系统论导向。创新链、产业链、资金链、政策链、人才链五个链条是乡村振兴资源、环境、物质和生态形成的一个大系统，要坚持整体性、相互联系协调发展，发挥系统观念、全局观念，运用多维方法研究乡村振兴中"五链"的整体、结构、关联和协调。同时，将五个链条解剖分层，找出最根本的作用因素和方法论，助推解决乡村振兴中的"五链"整体性问题。

二是乡村振兴中"五链"融合的协同论导向。协同论主要解决乡村振兴中"五链"之间由于竞争造成的内耗、负面影响和不稳定性问题。"五链"作为开放性系统，要持续不断地加强与外部的交换，争取乡村振兴系统协调发展。"五链"之间通过元素搭配、市场约束、政策调控、内在创新等，构建乡村振兴的"五链"融合有序结构和持续动力，推动要素互动、组织架构、功能形成，在环境约束和自身反馈调节机制下，促进乡村振兴的"五链"协同发展。

三是乡村振兴中"五链"融合的产业链论导向。乡村振兴中企业、供需、空间和价值等产业链条的要素互动，构成"五链"融合发展的根基。创新链以市场供需链为导向，根据市场需求驱动从创意产生到商业化生产销售整个流程的链状结构，实现知识和技术的转化、增值以及经济化。产业链是乡村产业中各部门之间企业、供需、空间和价值形成的链条式关联形态。资金链贯穿空间链，通过组织的时空运转，促进乡村振兴中"现金→资产→增值"的基本链条良性循环。政策链发端于产业链，在服务型政府构建中，奋斗目标、行动原则、目标任务、工作方式、措施步骤等政策均是为企业服务而形成的链状形态。人才链依托于价值链，为产业链保值增值提供创新动力，依靠人才的应用优势大幅提升乡村振兴的产业流程工艺、管理技能和生产水平，提档升级价值链。

四是乡村振兴中"五链"融合的人才规律导向。乡村振兴，人才先行。人才成长的规律很多，一般包括培养人才过程中的"师徒传承"效应、人才成长阶段的"避短扬长"规律、人才成才创新过程中的"中壮年"最佳年龄规律、潜力人才争取社会承认的"马太效应"规律、管理人才过程中的"期望效应"规律、涌现人才过程中的"共生共荣"效应、人才队伍过程中的"金字塔累积"效应和能力发挥的"社会环境"综合规律。实施乡村振兴，需要遵循人才的成长规律。

2."五链"融合促进乡村振兴创新人才成长的作用机制

（1）"五链"融合要以创新动力为方向

在乡村振兴进程中，"五链"融合，创新链为首。在传统的土地、资本、人力等要素边际效用逐步递减后，创新的效用日渐凸显，其边际效用反而呈现递增态势。特别是当前世界面临科技革命，协同创新科技产业，有助于促进人类经济社会快速健康发展。创新能力驱动着乡村振兴的经济增速、企业提质，是科技发展为乡村振兴产业经济、人才发展、资金流转注入的源源不断、生命不息的原动力。

（2）"五链"融合要以市场（产业）活力为主导

企业是创新的主体，在市场供需的导向下，为实现自身生存发展，企业及其所处的产业不得不加强技术创新，激发内生活力。在乡村振兴的广阔市场，对科研创新的需求是创新的主要活力来源。其中，在乡村振兴中，民营企业相对国有企业束缚更少、机制更活、市场反应更快，理应成为乡村振兴的创新主力军。

当前，乡村的企业注册数量、民营企业规模、高新技术企业质量均落后于沿海发达城市，难以形成产业集聚，其根本原因在于乡村的创新市场活力尚未激发出来。在当前经济下行压力加重、中美贸易摩擦加剧的态势下，乡村产业结构不优，作为创新主力的高新技术产业和互联网等服务业比重小，亟待引入数字化、"互联网+"、电商产业，为乡村产业链提供创新型生产性服务，激发创新人才汇聚乡村。

（3）"五链"融合要以资金吸力为源头

资金链可以为创新人才提供强大的吸引力。在资金链中，金融是乡村振兴的生命之源。促进创新人才成长，必须构筑金融高地，支持产业融合、创新驱动、政策发力、人才回流。资金充沛、投融资健全的地域，正是创新的星火燎原。当前，乡村难以吸引金融产业汇集，本地金融人才就业难、发展难，大批迁移至沿海金融发达城市，不利于乡村振兴中的人才战略实施。乡村地区通过打造基金港、金融港等，形成人才集成效应，有助于创新企业在乡村落地、成长和壮大，实现乡村振兴中现金→资产→增值的良性流转。

（4）"五链"融合要以政策引力为牵引

创新人才成长，离不开良好的外部环境。政策链是乡村振兴中最重要的外部环境之一，它通过明确发展目标、行动原则、目标任务、工作方式、措施步骤等政策流程，环环相扣形成政策集合，为创新人才开发保驾护航。在乡村振兴实践中，创新链、产业链、资金链、人才链需要在政策的指引下，才能准确投向特定的乡村振兴地域。市场具有逐利性，资金只有流动才会增值，创新要有风向标，人才用脚投票，这些均依靠乡村振兴中当地政府的优惠政策牵引，吸引资金、产业、人才和创新主体落户乡村、茁壮成长。

因此，要大力优化乡村振兴中创新人才成长的政策链，给予超出同类地区的政策优惠，在"放管服"改革、产权保护、市场主体市场化法治化国际化环境营造、公共服务改善等方面综合发力，加快培育乡村创新政策动能，调动资金、产业、人才和创新力量注入乡村振兴和发展。同时，政策链是一个紧密相扣的链条，不是单一政策的简单串联，而是政策要素的科学排列组合，要发挥协同效应、系统功效，推动乡村人才链的效用最大化。

（5）"五链"融合要以人才张力为根本

创新成败，在于人才。在乡村振兴中，创新思维的产生、产品的研发、成果的运用，均离不开创新人才的作用。按照系统论的观点，创新人才成长的最终落脚点是重组乡村振兴的人才要素，实现创新系统的功能最优化，即人才的创新效用最大化。

因此，"五链"融合要以提升乡村振兴中人才张力为出发点和落脚点，只有人才创造力得到最大化激发，创新成果不断涌现，才能体现乡村振兴中创新链、产业链、资金链、政策链的效果。

总之，在乡村振兴战略下，只有推动创新动力、市场（产业）活力、资金吸力、政策引力、人才张力相互作用，促进"五链"深度融合、良性互动、彼此协同、同步发展，才能催生乡村振兴下创新人才成长的倍增效应，形成乡村振兴的强大创新合力。

### （三）乡村振兴战略下创新人才成长的"五链"融合优化路径

具体而言，促进乡村振兴战略下创新人才成长的"五链"融合路径如下。

1. 提升创新链的动力

（1）加强创新意识培育

在乡村振兴的布局中，应始终秉持创新第一、全民创新的理念，通过宣传教育、广泛发动，加大乡村振兴中对创新人才的共识，通过做大基数，培育创新人才的"分子"。

（2）促进科技创新

一些地方拥有雄厚的创新链上游基础，高校多、科研院所强、大学生人数众，但是没有将上游创新链的研发优势转化为中游创新产品推广和下游创新成果运用的后劲，需要在乡村振兴中加大校企、院企合作，或者学习深圳，直接将研发创新搬入乡镇企业，让高校、科研院所和大学生在企业兼职、挂职，通过市场的创新需求倒逼乡村振兴创新思维的产生和产品的研发。

（3）营造浓厚的全民创新氛围

鼓励乡村本土创新和企业家精神，在学生教育、人才引入、社企融合等方面，持续加大对乡村振兴创新人才的投入力度，打造乡村科技创新基地和示范区，构筑"基础研究+技术攻关+成果转化+科技金融"的乡村振兴全过程创新生态链，不局限于单一技术和产品的创新，培育整个乡村创新生态链和联盟，提升乡村产业振兴的安全性和独立自主能力。

2. 挖掘乡村振兴内部创新潜力

（1）加大乡村对外开放力度

打造乡村商务创新中心，改善营商环境，激发各界创新的活力。在乡村振兴的行政审批、土地利用、规划设计、配套保障方面，只要不违背环保红线等，适当放宽条件，准许外资、外籍创新企业和人才进入乡村，制订负面清单，实行"一站式"服务，加大对乡村创新企业的综合保障力度。

（2）释放乡村企业在创新中的活力

实现创新由"政府主导"向"政府扶持、企业主导"转变，乡村振兴中地方政府主要负责政策引领、平台搭建和服务支持，企业特别是民营企业才是创新的主力军。建议乡村企业借鉴深圳"四个90%在企业"（90%以上的研发人员、研发资金、研发机构和职务发明专利来自企业）的经验，充分调动乡村企业在科技创新和人才培养方面的积极性。

（3）激发高校在乡村振兴中的潜力

允许高校、科研院所在职人员留职、学生保留学籍进入乡村创新创业，分散创新的风险成本。鼓励高校和科研院所设立乡村振兴创新基金，引导在校教师和学生参与乡村科研孵化，吸引风险投资企业入驻，解决乡村振兴中师生创新面临的资金、管理和风险难题。

（4）发挥乡村振兴中创新人才活力

人才评价应重实效、重开发，应加大对乡村振兴中有创新潜力、能力的人才的培养力度，减少年龄、学历和大型国家科研项目经历等的限制，在乡村振兴中开发大批潜在人才，激发其干事创业的活力。

3. 以全民科技创新推动乡村振兴

要引导一流的创新人才落户乡村，必须提供相对应的物质回报，增强乡村振兴资金链的吸引力，打造"现金→资产→增值"的基本链条，并促进"五链"良性循环。

（1）高薪引才聚才

笔者建议把培养创新人才作为提升乡村振兴创造力的重要战略，由财政预算安排专项资金作为奖励，实施创新人才奖补贴计划，最高费用可以达到甚至超过150万元。对诺贝尔奖、图灵奖等获得者实施特殊津贴激励，通过大力引进高端创新人才进入乡村振兴，为创新驱动发展提供源头活水，带动一大批乡村创新型企业成立。对投入乡村振兴的海内外人才，实施个人所得税征缴15%，远低于国际平均水平的45%，并且对创新人才兴办的乡村创新企业，征收远低于国际水准的企业所得税。

（2）补齐乡村振兴战略的基础研究短板

加大乡村振兴战略的基础研究投入，利用乡村振兴战略的政策优势，由地方财政投资，除支持成果的产业化发展外，加大对财政专项基础科研基金的投入力度，基础研究投入不低于当年财政科研资金的三分之一，鼓励各界创新人才设立乡村振兴基础实验室和研究机构。

（3）引导风险投资支持乡村振兴

创新企业是一项高风险产业，80%以上的高科技企业失败于天使期。对此，可利用乡村振兴战略的政策优势，引入风险投资概念和管理，将创新思维的落地、创新产品的研发、生产销售和创新成果的运用纳入乡村振兴风险投资范畴，降低乡村振兴人才的创新创业风险。

4. 打造乡村振兴科技创新中心

在创新平台搭建好以后，最终要看政策环境的优劣，因而要发挥乡村振兴中创新政策的引领作用。

（1）高标准规划乡村振兴创新中心

要积极争取党中央和国务院的支持，加大创新乡村建设。设立"乡村可持续创新示范区""乡村振兴科技创新人才中心"等，通过扩大对外宣传，打响乡村振兴战略的创新名片。同时，广泛争取国家对乡村创新区的优惠政策，鼓励乡村先试先行，释放创新企业落户的政策空间。

（2）持续完善乡村振兴政策链条

创新政策是环环相扣、紧密相连的，不能朝令夕改，而要持续加强，越"链"越紧。笔者建议成立乡村振兴创新人才工作办公室，统一创新资源，针对乡村振兴战略出台支持乡村创新人才成长的行动原则、目标任务、工作方式、措施步骤等，构成环环相扣的政策集合，发挥"五链"融合促进乡村振兴的政策集聚效用，从而增强乡村企业和人才落地生根、开花结果的政策动力。

5. 挖掘人才链的张力

人才链是乡村振兴"五链"融合的出发点，更是落脚点。"五链"融合好坏的关键是乡村创新人才能否引得进、留得住、能发展、做贡献。因此，要提高乡村振兴的人才链张力，搭建基于区块链技术的识才、招才、爱才、用才、容才、聚才的链条，发挥乡村创新人才创造力，助推乡村振兴的创新成果层出不穷。

（1）遵循创新人才成长规律

按照创新人才所需、所想、所愿，换位思考创新人才为什么要选择、落户乡村，以及投身乡村振兴的深层次原因，从而制定乡村振兴人才引进政策，提供发展资金，构筑乡村振兴产业版图，满足创新人才成长的需求，实施乡村振兴战略的创新驱动。对于参与乡村振兴的创新人才，要遵循人才成长规律，培养上"师徒传承"、成长中"避短扬长"、创造上遵循"中壮年"最佳年龄规律、管理上发挥"期望效应"、团队中"共生共荣"、队伍建设中"累积金字塔"。

（2）加强创新潜力人才的培养

在现有的乡村振兴政策、资金和产业上，乡村引进顶尖创新人才的难度较大，但是创新潜力人才却很多，他们的引入成本也较低，对创新平台和社会的认可度更高。推进乡村振兴战略，要减少创新人才激励中的"马太效应"，加大对潜力人才的挖掘和培养力度，争取乡村社会对潜力人才的认可，一旦潜力人才发挥作用，将会为乡村振兴带来累累创新硕果。

（3）营造创新人才能力发挥的乡村振兴综合环境

创新人才成长是一系列要素共同作用的结果，需要培育优良的综合环境。要建成能适应创新人才工作和生活的商业环境、生活环境，为乡村创新企业设立提供免费咨询、资金援助、低价办公场所、商务受理、项目援助、优惠制度、"一站式"服务等，通过乡村政府、企业、高校、科研院所、社区的联动，优化乡村振兴的创新创业环境，为乡村人才成长提供全域发展空间，推动乡村振兴战略落地生根。

### 三、加大物流服务行业的引导力度

随着"互联网+"、万物互联等现代科技的不断应用，大量的人流、物流、信息流、资金流向农村地区聚集，乡村旅游、信息咨询、教育培训等在农村地区越来越火爆，产业融合发展的趋势越来越明显。在农村地区，农村居民由过去的吃饱向吃好转变，多数农村贫困群众实现精准脱贫，在接近了"两不愁、三保障"的问题上，追求更高水平的生活，农村地区的健康保健、休闲娱乐、康复养生等市场需求越拉越大，物流服务行业成为农村地区创业发展的朝阳产业，这为广大的高校创业毕业生提供了巨大的创业商机。

#### （一）农村电商物流存在的问题

1. 农产品具有季节性、易腐的特点

农产品生产具有明显的季节性，新鲜的农产品大部分易腐。经营农产品具有较大的风险，对包装、储存、运输要求较高，很多农产品要求冷链运输。但冷链运输油耗大、使用成本高，在广大农村地区，很少使用冷藏车运输农产品和农副产品。

2. 物流基础设施和物流装备技术落后

农村交通状况差，农村很多地区基本没有高速公路或高等级公路，公路路面窄。交通运输方式单一，不能形成多式联运，运输成本高，也没有公共的信息平台，不能有效地处理物流信息问题，导致物流工作效率不高。在我国多个省份的物流业中，瓜果蔬菜和禽畜肉类的运量非常大，因为采用的是普通货车，导致损腐率非常高，甚至高达30%。我国农村物流基础设施建设相对落后，普遍缺乏物流资源聚集基地。物流企业到农村安营扎寨时，就很难整合物流资源，造成资源利用率不高，也没有形成仓储、流通加工、运输一体化体系，使物流运作成本增加。

3. 农业生产分散经营，没有形成规模效应

在我国农村绝大部分地区，还是地广人稀，镇与镇之间，镇与乡之间，路程比较远，居住聚集度不高。农业生产仍然是各自作战，没有专业指导，也没有进行有效的统一规划，所以，生产的农产品种类和生产量难以形成规模效应。导致生产分工不细，物流需求不高。

4. 缺少电商物流专业人才

农村电商物流人才，不仅要求从业者了解电子商务和物流，还要掌握农学知识。而现在农村的常住人口大部分为老年人、小孩，他们接受新知识、新技术的能力有限，在乡村振兴的背景下，急需培养电商物流人才。发展农产品电商物流，需要培养产品的包装、存储、配送、冷链、保鲜等方面人才。目前，农村电商物流人才缺口大，缺少专业知识，难

以应用新技术进行电商物流的运作，不能应用系统知识解决物流难题，所以，电商物流人才的匮乏是制约乡村物流发展的因素之一。

### （二）高职院校电商物流人才培养现状

1. 电商物流各方向课程差异大

我国高职院校中，仅少部分院校开设了电子商务物流方向，部分开设电子商务物流相关课程。电子商务物流涉及跨境电商、农产品电商、生鲜产品冷链电商等多个发展方向，而每个方向对应的课程差别大，例如，跨境电商物流方向需要学习摄影、信息处理、报关、报检、制单等课程；生鲜产品冷链电商物流需要学习冷链与冷藏技术、食品冷冻等；农产品电商物流需要学习农产品电子商务、农产品养护、冷链运输等。各个方向的课程数据较多，差异性大。对高职学生来说，三年时间学完这些课程，时间短，消化难度大。

2. 教师实操经验不足

要提高学生的动手能力与实际应用能力，首先需要教师具备足够强的动手能力。但在我国高职院校中，大部分教师是从学校到学校，大学毕业后，直接到高职院校从事教学工作，没有企业工作经验，或是工作经验不足。而电商物流要求熟悉物流基本流程，还要熟练操作计算机网络技术、会应用数据分析软件分析数据并及时反馈问题、会用自动化设备。教师只有具备以上能力，才能在高职教学中游刃有余，而教师实操经验不足，也影响着学生动手能力和实际应用能力的培养。

3. 涉农人才培养不足

目前涉农人才培养存在一些问题：

（1）涉农人才的需求与供给不匹配

当前除了农林院校，很少有院校开设涉农课程，培养涉农人才。所以涉农人才发展中存在数量不足、质量不高的问题。加上乡村就业待遇不高，企业规模小，就业环境不好以及传统观念的影响。

（2）乡村对高校毕业生缺少吸引力

乡村振兴物流人才需求远远高于高校培养的相匹配的人才数量。非涉农院校，未开设农学相关专业，一般高职院校的物流管理专业开设的都是"管理学""现代物流概论""物流职业基础"等专业基础课程和"运输实务""仓储与配送实务""物流成本管理"等专业课程。因此，农村电商物流人才的缺乏制约着农村电商物流的蓬勃发展。

### （三）农村电商物流人才培养

1. 优化课程体系

在当前的高职物流管理人才培养方案中，适当调整教学课程，如增加冷链相关的课程。适应乡村振兴的背景要求，通过多渠道让学生了解农学类的知识。例如，"运输实务"课程中可以增加农产品运输的案例分析和方案制订；营销类课程可以增加农产品销售模块；电子商务课程可单列一个农产品电商模块。在选修课程中，可以通过线上选修课，扩大选修课范围，增加农学知识的选修。

高职院校大部分学生对农村环境非常熟悉，对农产品也有亲切感，可在人才培养方案中增加创新创业理论课程和实践课程的设置，培养学生在乡村振兴背景下关于农业和农村的创新知识和创业素质。通过优化课程，确定研究方向，培养符合乡村振兴战略下，农产品电商物流发展急缺的实用型、专业技能型人才。

2. 建设教学团队

教师可通过不定期地到乡村调研，了解农村电商物流存在的问题，形成科研课题，科教结合，教学相长，有针对性地提出问题和解决问题。鼓励教师到农村电商物流/企业进行挂职锻炼，参加农村电商物流企业的实践活动，在实践过程中熟悉农村电商物流企业的岗位需求、职业要求、流程和设备操作。教师在教学过程中可以引入电商物流企业的实际案例，并结合企业的实际运营情况，指导学生学习和就业。聘请企业和行业专家对师生开展讲座，拓宽学校师生知识面。

3. 完善毕业设计和毕业实习环节

在毕业设计选题中，增加跟农学相关的电商物流方面的选题，让学生带着任务去学会分析和解决问题，也能让学生在完成毕业设计过程中，自主了解和掌握农村电商物流，扩大学生知识面。在高职院校的毕业选题中，市场营销专业可增加农产品销售选题；电子商务专业可增加农产品电子商务选题；物流管理专业可增加农产品物流选题。另外，高职院校在选择校企合作企业中，还可选择农产品加工企业合作，也可将合作企业变为校外实习基地。

## 四、加大乡村医疗人才培养

我国的医疗资源与庞大的人口基数不相符，优质的医疗资源大部分集中在城市地区，乡村地区缺乏应有的医疗资源。大量劳动力外出打工，乡村地区的人口数量明显较少，医疗卫生服务人口也明显减少。乡村医疗卫生产业就业能力缺失，大量医学人才涌入大中型城市。高校医学人才培养存在的问题：缺乏面向乡村地区的医学课程体系，缺少对医学生的思想政治教育，医学理论与实践教学不符。提出了高校乡村医疗人才培养策略：加强对医学生的思想教育，建立面向乡村医疗人才的课程体系，综合设置理论与实践课程的比例。高校在医学专业教育及人才培养过程中要充分认识到乡村医疗所面临的严峻环境，通过教学改革及课程建设来构建全新的人才培养模式，不断扩大乡村医疗卫生产业的规模。

### （一）我国乡村医疗卫生发展现状

1. 卫生水平与城市地区差距较大

长期以来，我国的医疗资源与庞大的人口基数不相符，导致医疗资源紧缺，优质的医疗资源大部分集中在城市地区，乡村地区缺乏应有的医疗资源。经过多年的乡村建设，许多乡村地区已经形成了独特的医疗卫生体系，即由传统村医演化而来的现代化医疗卫生场所，虽然医疗设备较为简陋，但能够满足基本的医疗需求，县级单位的医疗卫生配置也可以基本满足本区域的就医需求。虽然我国乡村医疗卫生体系发展较为迅速，但与城市的医疗卫生系统相比还存在很大差距，对于一些疑难杂症，农民还是需要到大型中心城市就医。

2. 功能脆弱

在欠发达的农村地区，有大量的劳动力外出打工，乡村地区的人口数量明显较少，医疗卫生服务人口也明显减少。农村地区的经济水平已有所提高，交通状况得到了明显改善，大多数农村居民更愿意到所在县城区域的医院就医，而不愿去本区的卫生院进行检查。这就导致乡村医疗卫生功能的减弱，而县级、市级的医疗卫生系统压力却在不断增加，在医学人才的引进上也更加偏重于县级区域的医疗卫生系统。

3. 人才缺失严重

乡村医疗卫生产业就业能力缺失，大量医学人才涌入大中型城市。随着乡村劳动力的缺失，乡村医疗卫生功能逐渐脆弱，医疗护理等相关人员无法得到有效安置，很难解决人才的就业问题。尤其是我国中西部地区人口分布较为分散，对医疗资源进行有效分配的难度较大，导致乡村医疗人才大量缺失。

### （二）高校医学人才培养存在的问题

1. 缺乏面向乡村地区的医学课程体系

我国专业医学人才培养大致分为三个等级，一是顶尖的医学人才培养模式，一般是由重点高校的医学专业来进行，包括"985""211"高校。二是普通本科院校的医学专业教学，主要面向公立医院提供医学岗位的人才输出。三是大中专院校中的医学护理等专业，主要面向城镇及乡村医疗岗位。在乡村振兴战略的支持下，一些重点院校及医院的医学人才也承担了服务乡村的任务，会根据情况对部分乡村地区进行技术支持和援助。但目前高等院校，尤其是重点医学院校，并没有开设乡村卫生体系课程，使得学生对乡村地区的医疗环境并不理解，在乡村地区医疗援助工作推进中遇到了很大阻碍。

2. 缺少对医学生的思想政治教育

高校医学教学大都比较重视和强调专业技术，缺乏思想政治方面的教育，导致医学生无法积极主动地投入乡村地区的支援建设中来，不利于职业素养的提升。课程中还缺乏对学生人文素质的培养，学生的人文关怀性普遍偏低。

3. 医学理论与实践教学不符

高校医学专业人才培养对于医学理论的学习明显偏重于实践教学。造成这种情况主要是高校的医学教学资源较为紧张，无法满足所有医学生进行实践训练，有些医学技术只能通过教师演示来学习，这对于学生的实践效果会产生很大的不利影响，还会影响到学生的心理，对于乡村地区的医疗人才援助工作缺乏积极性。

### （三）高校乡村医疗人才培养

1. 加强对医学生的思想教育

在高校的医疗人才培养过程中，为了加强对乡村医疗的人才输出和资源支持，要先加强思想教育，通过乡村振兴战略的发展和社会意义来转变学生思想。为了不断提升学生的人文素养，除了专业课程的学习之外，还应开设历史、文学及美学欣赏等课程，与传统人文理念相结合，潜移默化影响学生的思想价值观念。这样的教学方法和教学策略不仅能够有效提高学生参与乡村地区医疗支援行动的积极性，还能提高学生的职业素养和职业能力。

2. 建立面向乡村医疗人才的课程体系

高校要结合整体战略部署来建设相关的医学专业课程体系，增加面向乡村医疗服务的内容，比如，介绍我国农村医疗的现状、存在的问题及解决方法，使学生能够在学习中建立起社会观念，积极投身到乡村医疗服务中来。还可以针对我国农村地区的自然环境、人文环境及部分地区的饮食习惯、生活习惯对当地的普遍疾病进行学习和讨论，使学生能够了解农村地区人群的健康问题及基本医疗现状。

3. 综合设置理论与实践课程的比例

高校要根据实际情况建设实践教学场所，增加研究经费，完善实践教学基础设施，合理设置理论课程与实践课程的比例，使学生能够将理论充分应用到实践训练中。实践课程不单单是对学生实践能力的训练，同时也是对学生精神品质的培养。

高校在医学专业教育及人才培养过程中要充分认识到乡村医疗所面临的严峻环境，要通过教学改革及课程建设来构建全新的人才培养模式，使乡村医疗卫生产业的规模不断扩大。

## 五、市场营销人才的培养

近年来，高校农产品市场营销专业在人才培育目标、课程安排、教学特色、教师能力等层面有所欠缺。农产品营销教学服务于营销实践要求，高校人才培育体系以及培育路径，应针对这一现状实施改革与创新。对于相关企业提出的要求，树立营销教学思维及营销人才培育观念，专业定位彰显农产品市场营销特色，培育应用型以及复合型市场营销人才，探究高校农产品市场营销人才培育新路径。

### （一）高职营销专业人才培养模式现状

1. 缺乏实践能力培养

很多涉农高职院校在培养学生实践能力过程中，明显缺乏工学结合，另外，没有足够的实习单位，没有丰富的实践学习方式等问题也较为突出，很多院校仅仅是在教学过程中，按照计划给学生安排一些流于表面的简单的实习工作，并且不会严格考核，从而导致学生在实习过程中，并不会按照要求完成实习任务，最终无法在实习过程中锻炼和提升自身的实践能力。

2. 涉农专业特色不明显

当前，一部分涉农高职院校都开设了市场营销专业，但是却没有将自身涉农类的办学特色融入市场营销专业人才的培养模式中，没有充分突出"农"字的特色。在课程设置过程中，也缺乏足够的针对性，无法做到以社会中农业企业的实际需求完成课程设置工作，进而课程设置内容陈旧等问题较为突出，无法根据社会对人才的实际需求做出相应的调整，或者是设置新课程等。

3. 与企业人才需求存在供需矛盾

高职院校在培养营销专业人才过程中，可以说最大的问题就是与企业之间的供需矛盾，首先，社会中对农产品营销专业人才具有很大的需求量；其次，高职院校营销专业学生不能顺利就业，即便有一些学生顺利就业，但是用人单位普遍的评价反馈也不是很高。

### （二）高职营销人才培养模式

1. 拓展校企合作平台

在培养学生的农产品实践营销能力过程中，不能单纯依靠学校方面的教育，学校应该加强与各大农业企业合作力度，通过校企合作平台，为学生提供实践机会和资源，促使学生有全面的认知。同时，需要学校和企业双方定期进行市场调研，从而根据市场情况，及时修改农产品营销专业的培养技术和方案，并且构建出模块化的农产品营销岗位课程体系。校企合作过程中，需要企业为学校提供相应的师资培训平台，保证学生有良好的实习实践平台，高职院校方面，应该聘请具有丰富农产品营销经验的企业工作人员参与到教学课堂中，通过合作培养的方式，培养出符合社会和企业发展需要的人才。

2. 增加综合性、应用性营销课程

当今很多高职院校在培养营销专业人才过程中，仍然采用专业和应用课程分开开设的形式，但实际培养农产品营销专业人才过程中，需要设置具有模块化教学且增加农业企业营销岗位技能专业教学内容，在课程设置过程中，应该增加专门的农产品营销课程，例如视频、动物、农产品营销学课程等。充分结合当今农产品营销岗位的需求、技能要求等，对营销课程教学体系进行重新定位和构建。在构建农产品营销课程体系模块中，首先应该在对课程、岗位、营销职业进行分析的基础上，对课程内容进行模块化划分，主要基于一定的逻辑关系，促使学生可以在学习完一个模块后，深入了解和掌握相应的知识和技能。对农产品营销工作的能力、任务进行分解，从而设计岗位项目和单元模块，以实际工作过程为基础，对课程内容进行遴选，形成单元模块任务，最终构建出具有模块化特征的农产品营销岗位专业课程体系，同时具有较高的职业素质培养课程体系，以此为基础，促使学生可以更快地进入农产品营销的角色中，有利于提升农产品营销专业人才培养的效率和质量，整体提升学生的营销能力和实践能力。

3. 加强市场环境调研

在针对农产品营销专业学生开展专业教学过程中，教师需要做好市场环境全面调研。通过网络平台搜集一些农产品营销企业的经营情况，了解国家的相关政策、法规，确定市场的发展趋势。通过市场深入调研的方式，与企业一些管理者进行深入沟通和交流，了解企业在营销方面的人才素质上所提出的具体要求，以及岗位的设定方案等。之后，根据市场环境真实情况对专业学生进行职业规划。在此过程中需要尊重学生的主观想法，通过平等沟通、民主交流的方式了解学生在农产品营销领域自己的规划与安排，确定学生是倾向于线上营销还是线下的企业销售，以及想要涉猎的领域。之后，学校根据学生的个人规划以及市场的实际需求，对学生的职业能力进行全面评估与测试，从而帮助学生明确具体的专业发展方向，并在此基础上合理地为学生设置专业课程学习方案，促进学生在专业领域实现个性化发展。让学生对当前的市场环境以及自身的专业发展潜能和方向形成更加准确的思想认知，为学生明确具体的学习目标，全面提高学生的学习动力。

4. 构建学校内部实习基地

在农产品营销专业领域，为了进一步提升学生的职业能力，学校需要积极践行理实一体化的教学理念，在注重基础理论课程教学的同时，更要注重实践课程体系的开发与设计，并加强资金方面的投入，引进先进的设备，构建实习基地。加强实习基地的管理，合理安排课时，在理论课程教学完成之后，设置具体的实践任务，引导学生在实习基地完成相关的实践训练，从而帮助学生建立起良好的营销意识，进一步增强学生的营销体验，全面提高学生的营销能力和专业素养。同时，做好实习基地设备的管理与维护，针对实习环境进行规范化管理，从而保证营销实训课程能够在良好的教学环境支撑下正常开展。

5. 提高职业素养

在培养农产品营销人才过程中，学校需要高度重视思政课程的开展。通过思政教学向学生渗透正确的道德思想，加强学生的职业理念和素养培养，让学生能够端正对营销岗位的责任认知，从而让其在今后参与营销工作的时候明确自身的工作职能，端正自身的工作态度，全面提升人才的综合素养。在开展思政课程过程中，教师需要对具体的教学内容进行深入发掘与全面整合。将农产品营销相关的战略方针、法律、法规以及企业所制定的岗位职能要求有效地渗透给学生。让学生对营销岗位加深理解，从而在今后的学习过程中自主规范自身的行为表现。同时，教师在组织思政课教学过程中，需要对具体的教学方法进行创新。通过情境构建、模拟、案例分析、讨论等多种方式端正学生的职业态度。

6. 建立信息化营销自主创业中心

在培养农产品营销人才过程中，学校需要积极践行双创理念，加强资金方面的重点投入，积极引进信息技术，构建自主创业中心。鼓励学生发挥自身的创新精神和灵感，提出全新的创新项目，并鼓励学生利用学校的资源和载体进行自主创业。借助信息技术设置电商平台，通过电子商务的方式完成线上销售。同时也可以鼓励学生利用自身所具有的资源和优势，通过直播带货的方式进行网络营销，鼓励学生自主发掘和拓展营销载体，拓展农产品的销售渠道和空间。不仅如此，学校可以鼓励大学生积极参与农业扶贫活动，与一些偏远地区果农达成合作意向，获得营销物资，帮助果农解决农产品滞销问题，从而达到合作共赢的目的。在学生自主创业过程中，学校可以与当地政府合作制定相关的扶持政策，为学生自主创业提供资金上的扶持和政策上的支持。不仅如此，学校还需要成立学生自主创业辅导中心，组织专业的教师队伍为学生的自主创业提供正确指导，加强专业技术和市场营销分析方面的指导，从而让学生拥有良好的创业条件，有效地规避自主创业过程中可能遇到的风险问题。学校需要构建完善性的培训体系，为学生自主创业提供系统性培训。

加强与农产品营销有关的专业知识、风险分析、营销方案策划等专业知识技能的系统培训，从而保证学生拥有良好的创业素质，积极、有效地参与到创业活动中。

7. 制定完善的考核机制

在针对农产品营销人才进行培养和教学过程中，学校需要对具体的考核机制进行创新和完善。首先，在评价方面需要积极更新理念，丰富评价标准。本着全过程的评价原则，针对学生在课程学习过程中的综合表现进行系统评价。同时，对具体的评价方式进行创新。通过理论课教学评价以及实践任务训练考核的方式对学生的学习表现进行评价。同时，教师需要完善考核机制，将学生在校园实习、企业实习中的综合表现作为判断学生职业素养的重要依据。并且，鼓励企业积极参与到学生素质考核中，综合企业给出的考核结果判断学生的专业水平，并以此为依据深入分析当前课程设置和人才培养方案方面存在的问题。根据学生实际需求对具体的教学方案进行创新，全面提高课程教学的合理性。针对大学生的自主创业实施激励性评价，给予学生一定的鼓励，让学生产生创新的动力和热情，有效地解决学生的就业问题。

## 六、大学生村官文化引领

城镇化快速发展带来农村经济、社会结构以及环境等各方面剧烈变化，我国农村经济文化事业近年来得到高速发展，但相较于城市，发展仍然较为缓慢，城乡发展不均衡、收入分配差距大等现实问题仍然存在，农村乡风文明建设水平亟待提高，就业、医疗、教育、养老等民生领域短板明显。党的十九大"乡村振兴战略"为我国农村经济文化发展带来了新机遇与新路径。与此同时，"乡村振兴战略"的实施，离不开各类人才的支撑，而大学生村官无疑在其中发挥着至关重要的作用。

### （一）"乡村振兴战略"下大学生村官新职责

党的十九大提出"乡村振兴战略"。其总体要求为：坚持农业农村优先发展，按照产业兴旺、生态宜居、乡风文明、治理有序、生活富裕的总要求，建立健全城乡融合发展体制机制和政策体系，加快推进农业农村现代化。"乡村振兴战略"是新社会经济环境下对"三农"的新战略与新部署，也是对"社会主义新农村建设"的全面延伸。其对于推动我国现代化空间布局由城市向农村发展、破解城乡二元体制、解决"三农"问题有极为重要的意义。而人才是"乡村振兴战略"的基础。党的十九大"乡村振兴战略"也明确提出，应"培养一支懂农业、爱农村、爱农民"的"三农"工作队伍。

就农村现状来看，长期以来，农村年轻人外出务工、学校撤并等诸多因素导致农村文化治理呈现空心化与空巢化，传统技艺、民俗文化等固有价值体系面临被破坏与肢解的危机。同时，由于农村文化事业投入不足，文化人才稀少，农村文化活动开展较少。群众参与意识不强，文化事业建设面临较为尴尬的境地。乡风文明建设不力，陋规陋习仍然大量存在，赌博等低俗的娱乐活动侵蚀农村；封建迷信活动在农村也有死灰复燃迹象，如烧香拜佛、算命占卜等现象已数见不鲜；同时存在着诸多不良文化陋习，例如，婚丧嫁娶大操大办、赌博风气、攀比、"天价彩礼"等，此外，农村经济、文化等各领域发展均滞后于城市，农村留人难的问题也将长期存在。大批农村青年人才外出，留在农村本地的多为老弱妇幼，自身发展能力有限，严重制约农村经济文化事业进步。近年来，农村人才外流严重，"三农"队伍人员严重缺乏、综合素质低、视野狭窄等现实问题亟待解决。

因此，作为村级组织特设岗位以及新时代的"知青"，"乡村振兴战略"背景下，大学生村官更应肩负重担，积极做好文化引领新纽带，以基层群众喜闻乐见的方式将"乡村振兴战略"渗透到广大农村中。当前我国广大农村的数十万在岗大学生村官，他们在文化素养、工作热情、理论水平等多方面都有明显优势，对推动新农村建设、实施精准扶贫都起到了重要作用。

### （二）"乡村振兴战略"下大学生村官文化引领作用

大学生村官是"乡村振兴"新时代农村惠民政策的宣传员，日常工作中，大学生村官需宣传好精准扶贫政策、农业科技等信息，传递扶贫信息，引导贫困农民转变传统观念，推进多种方式扶贫，激发内生动力，提升"造血"功能。同时带动农民学习农业科技相关知识，通过示范带动、深入农户等途径，努力打造有文化、懂技术、会经营的新型农民。大学生村官是"乡村振兴"新时代乡风文明建设的带动者。大学生村官作为受过高等教育的高素质群体，其言谈举止对基层农民有示范带动以及辐射效果，因此可充分发挥此优势，引导农民开展丰富的文化活动，丰富精神生活。大学生村官可利用自身文化水平较高的优势，开展文明乡村建设，例如通过组建乡风文明小分队的模式，定期到村委会、村广场、集市等宣讲典型案例，向村民传播婚事新办、厚养薄葬等先进生活理念。

大学生村官是"乡村振兴"新时代乡土文明的保护者。当前农村传统民俗与乡土文化传承面临诸多困境，农民对乡土文化的自我保护意识较为薄弱，农村乡土文化的保障条件也较为缺乏，而大学生村官则可充分结合自身专业与特长，在传承与发扬传统文化中发挥重要作用，承担农村乡土文化的发掘者与创新者角色，同时，大学生村官朝气蓬勃，活力十足，有较强的组织能力，能充分调动农民参与文体活动的热情。大学生村官也有一定的创新能力，其能够从其他农村文化活动开展中吸取成功经验，并结合本村文化民俗特色，创新活动形式与内容，吸引更多村民参与。大学生村官是"乡村振兴"新时代村民利益的捍卫者，维护群众利益是做好农村基层工作的重要着力点。大学生村官在管理服务实践中，可将群众反映的事情及时上报处理，耐心与群众交流，及时处理问题，解决矛盾；针对民生工程等，向群众宣传与解释，凡是损害群众利益的行为都需坚决纠正与防止。

大学生村官也是"乡村振兴"新时代农村经济发展的领航员。大学生村官从高校毕业，文化水平高、敢闯敢拼、思想开明，接受新事物与鉴别处理信息的能力强，在带领农村经济发展上也有诸多优势。大学生村官可利用入户调查农村经济以及市场需求等现实情况，用自身行动为农民带来最新的致富信息，引领农民自主创业，走上脱贫致富道路；引导农村创业潮流，结合自身专业特长，选取与本村、乡镇产业规划符合、拥有发展潜力的农业项目。

## （三）推动大学生村官文化引领作用的路径选择

新形势下，要以"乡村振兴战略"为根本遵循，抓基层打基础，更进一步发挥大学生村官的文化引领作用，助推"乡村振兴战略"有效实施。具体来讲，需从以下两个方面实施：

1. 发挥政策制度导向

针对我国长期忽视"三农"人员的社会风气，新环境下，应具体从政策制度导向等方面引导更多优秀大学生村官投身于乡村振兴事业中。

（1）健全聘任考察制度

首先，健全大学生村官聘任考察制度，具体需强化大学生村官选聘引导与宣传，让全社会深入了解大学生村官；地方政府需为大学生村官提供政策保障与待遇保障，明确大学生村官职责，增强其身份合法性；给予更多优惠政策，提升岗位待遇福利，例如，浙江省对在职大学生村官实行减免大学期间学费的政策，江苏省部分地区给予大学生无息贷款等优惠条件等。同时，需严格把控村干部入职通道，实施大学生村官岗前实习考察制度。在录取前对大学生报考人员实施全面考核，避免以农村为"跳板"的大学生进入村干部人才队伍。

（2）探索新型培养体系

面对大学生村官在基层岗位上不适应、工作效率低等问题，应探索与推行针对性更强的培训管理制度，加强大学生村官管理培训。具体需以乡村振兴"文化先锋"为目标，通过思想上引、工作上带、方法上教的手段，利用传帮带的模式构建起有群众情感、有基层经验能力、吃苦耐劳的村干部队伍；选派优秀村干部到经济文化先进村跟班学习。学习发达地区村庄经济文化建设、资源开发、项目创业经验。

同时，针对大学生村官岗位稳定性不足的问题，新形势下可积极探索与尝试"定制村干部"人才培养计划，利用机制创新，针对农村实际需求定向培养本地生源优先、爱农村、爱农民、懂农业的村干部储备人才，开发出能够扎根于农村的人才培养新途径。此外可实施分类培养制度，通过村干部专业调查、职业规划、思想认识以及发展意向等层次进行针对性培养，引导每一个大学生村官朝着自身擅长的领域发展，有效解决期满后的就业问题，最大限度地发挥大学生人才机制效用。

（3）优化管理服务环境

大学生村官工作生活中面临较大压力，因此需及时掌握其思想动态，为其工作与生活排忧解难。具体可由组织部门、劳动社会保障部门、民政、财政等组建指导小组，给予大学生村官工作生活指导帮助，提升其基层归属感与认同感；成立专门的大学生村官交流与管理机构。构建系统的协调交流体系，加强大学生村官同村民的交流互动，建立更为规范的大学生村官网站，促进村官间工作与情感间的交流，也可为大学生村官设立服务站、心理咨询室等，为其工作与生活提供更好的整体氛围。

2. 推动村干部文化引领

（1）真抓实干，做好"三实"

除了政策制度导向，新环境下，大学生村官自身更需心怀梦想，坚定信念，用真抓实干的不懈努力，在"乡村振兴战略"中发挥更重要的引领作用。具体来讲，大学生村官需做好"三实"工作：

首先，与村民交往要实。大学生村官需熟悉地方民俗民风，邻里关系等，掌握本村文化渊源、语言习俗，让村民逐渐在情感与行为上接受自己；积极走访村民，加强与村民的沟通，倾听基层声音，掌握基层意愿，深入群众，"眼睛朝下看，身子往下沉"，缩短与群众之间的距离。

其次，自身学习要实。大学生村官需主动出击，多学习农村实用技能，为村民服务；俯下身向村民、村干部学习，不耻下问，逐渐成为农村建设的专家。

最后，做事要实。大学生村官需充分发挥自身文化素质优势，加强新时期政策理念宣传，在深入学习党的十九大及"乡村振兴战略"的基础上，通过宣传创新、寓教于乐的模式，以村民喜闻乐见的形态将"乡村振兴战略"以及党的富民政策渗透于基层，例如，通过大型文艺汇演、文体活动，相声小品等的开展，以此为载体加强政策文化宣传，同时为群众带来各类文艺活动，推动农村文化特色化、常态化、多元化发展。

（2）强化乡风文明建设

与城市文化发展建设相比，农村文化建设滞后已然成为全面建设小康社会的主要制约因素。新形势下，大学生村官需加强农村精神文明建设与法治建设，推行党风、村风与家风教育，用社会主义核心价值观引领农村社会文化思潮。将崇尚节俭的传统美德与喜事新办、丧事简办等社会新风尚有效结合，构建起农村移风易俗新气象。同时需提升文化组织能力，创新文体活动形式与内容，结合地方民俗特征，发掘与抢救地域文化特色鲜明的民间艺术形式，在农村特色文化传承、传统村落保护等方面发掘与创新，使乡村文化更具活力，为农业赋予农村休闲、生态以及文化传承等更多功能；联合农村文化能人、农民艺人等，加强农村文化培训辅导，向农民传授先进的文化理念与知识。

此外，引领村民构建起丰富的文化生活。在潜移默化中改变农村落后、封建观念，消除与抵制迷信等各类不良思想对农村的侵蚀。为村民提供优质精神文化粮食，满足基层群众日益增长的精神文化需求。

（3）助推富民创业路径

"大众创业，万众创新"的时代，充分发挥大学生村官在农村创业扶贫工作中的重要作用，建设生态文明，弘扬地域文化。大学生村官可围绕农村特色产业，打造特色专业村。例如，一些偏远地区农村有着独特的风土人情、自然风光等，其中蕴藏诸多创业机会，如特产收购、特色餐饮、农业旅游开发等，都是大学生村官因地制宜、引导村民创业致富的方向。

同时应进一步为"乡村振兴战略"的农村三产融合助力，充分利用"互联网+"思维，发挥农村特色产业优势。研究现代农业发展方式与新型农业经营体系，促进农村小散乱的第一产业与二、三产业的高效融合。例如，加强村民电子商务培训，互联网平台产业经营等。近年来，许多地区大学生村官利用互联网电商，协助当地特色农产品销往全国的案例也已数见不鲜，通过新思路、新途径突破区域限制，改变了传统农产品营销模式，为农村精准扶贫带来了诸多新方法。

# 第三节 创新工作机制与管理体制

应围绕人才培养、留用、管理和提升等各环节，创新人才培养的工作机制和管理体制，对不同环节的人才采取不同的应对策略，形成乡村振兴人才组合发展模式。具体而言，应建立新型乡村振兴人才培养机制，加大对乡村新型产业人才的扶持，实施人才知识和技能更新培养工程，使培养的乡村振兴人才能不断更新知识和技能；建立人才流动制度，鼓励乡村振兴人才在各区域进行交流学习，不断提高其服务乡村振兴的能力和水平。

## 一、健全农村人才培养机制

要想激发大学生农村创业活力，助推乡村振兴，离不开人才队伍的培养。只有着力解决农村人才匮乏问题，才能为乡村振兴发展凝聚力量。

### （一）深化人才改革

要坚持党管人才原则，把推进大学生农村创业工作作为人才改革的重要内容，进一步建立和完善人才工作领导小组运行机制，并通过组织开展相关人才工作述职，倒逼责任落实，建立适合推动高质量发展的人才管理机制。制定进一步加强推进大学生农村创业工作实施意见，出台相关激励措施，建立健全大学生农村创新培养机制，鼓励大学生结合自身特色和村容村情，发展创业项目。

### （二）发挥人才优势

针对大学生农村创业需要，建立精准化的创业培训机制，全面提高大学生农村创业的能力，不断将大学生农村创业引向新经济、新产业、新业态。加快智库建设，大量吸收和凝聚专家学者、企业家等，为大学生农村创业提供项目运作、生产管理、市场营销、技术咨询、后勤服务等创业教育指导，让在农村创业的大学生人才充满憧憬和信心，把大学生农村创业优势转化为推动乡村振兴发展优势。

### （三）优化人才保障

全面加强乡村基础设施的建设力度，进一步加大乡村文化教育、医疗卫生、养老、供水供电等生活和工作设施建设的投入，全面优化大学生农村创业环境。建立健全政府部门与农村创业大学生互动沟通，定期或不定期开展农村创业大学生的走访慰问、交流座谈，大力营造"重才敬才""识才用才"的良好创业发展环境。

## 二、健全信息联动共享机制

大学生农村创业,离不开良好的信息环境的大力支持。建立健全信息联动共享机制,全力帮助大学农村创业,对大学生自身发展乃至乡村振兴持续健康发展,都具有十分重要的意义。

### (一)宣传典型重塑就业观念

要依托各类宣传阵地和资源,广泛宣传"大众创业,万众创新"的支持政策和服务手段,组织大学生农村创业典型户宣讲致富经验,转变旧观念,并对农村创业者实行奖励制度,注重在优秀创业人才中发展党员、评选劳模、推荐人大代表候选人和政协委员候选人,全面营造支持大学生农村创业的浓烈氛围。结合不忘初心、牢记使命制度建设,定期或不定期组织开展优秀大学生农村创业事迹报告会、大学生农村创业风采成果展示会、大学生农村创业宣讲会等进农村、进社区,力争在创业典型的示范推动下,在大学生农村创业中形成互帮互学、加快创业的良好氛围。

### (二)科学评估储备创业项目

以主导产业、特色产业、重点项目为重点,精心筛选适合大学生的农村创业项目,建立大学生农村创业项目库,适应不同层次的大学生农村创业需求。同时成立大学生农村创业专家组和服务团队,全面推行"首席服务官"机制,为大学生提供更加有效的服务,合理引导他们理性科学地布局创业项目,提高创业项目的发展效益。建立健全对大学生农村创业支持措施,扶持有一定技术含量和发展前景的大学生农村创业项目,对符合条件的大学生农村创业项目给予项目资金资助。

### (三)搭建大数据共享平台

以大数据应用为核心,以5G发展为契机,根据大学生农村创业需求,梳理信息资源,建立健全大学生农村创业信息标准资源库和数据规范服务平台,逐步消灭"信息孤岛",促进大学生农村创业信息化服务社会发展。要充分利用本地的各种新媒体搭建大学生农村创业沟通载体,整合各村(社区)党群服务平台,及时为大学生农村创业提供最新的创业资讯信息,包括国家正在开展和当地将要开展的各种项目、技术、市场信息,都要及时免费提供,避免信息不对称,让大学生农村创业群体能够第一时间了解有关创业最新动态。同时,加强大学生青年商会建设,强化大学生农村创业联盟,引导大学生农村创业全面对接相关行业的商会协会,学习先进的管理经验,提升农村创业水平。充分发挥"互联网+"效应,以农村物流体系建设为主要抓手,完善物流配送体系、农村电商服务站点体系建设、电商产业园建设及电商公共服务保障体系建设,推动电子商务物流服务在农村全覆盖,为大学生创业项目向产业化、市场化、规模化发展提供物流支持,全面提高大学生农村创业的合作意识、市场意识。

### (四)创新丰富培训载体

积极开展大学生农村创业培训,培训内容要以农村大学生创业的特点为依据,针对农村大学生创业必备知识，从不同产业特点、不同大学生群体需求出发，采取自办、联办等多种方式开展免费培训，增强农村大学生创业培训的针对性、实用性和实效性。注重开展实用技能培训，通过现场教学、场景教学、体验教学等方式举办种植养殖等实用技术培训，帮助农村创业的大学生尽快掌握一技之长。更加注重培训质量，多形式、多渠道、多层次开展创业培训，扩大培训规模，提高培训层次，提高培训内容质量，充实大学生农村创业知识，有针对性地降低大学生农村创业风险和成本，从而提高创业成功率。

### 三、健全政策协调服务机制

积极通过推动税费减免、资金补贴、场地安排等优惠政策，当前尤其要结合统筹抓好疫情防控和经济社会发展大局，帮助大学生农村创业争取更多资金和政策支持。加强金融机构与农村创业的大学生沟通，持续做好农村大学生创业就业小额担保贷款项目的组织申报和日常管理工作，确保贷款申报项目及时合规运作和专项资金有效利用，确保政策落地落细。设立大学生农村创业发展专项基金，政府贴息或无息提供创业贷款，建立健全大学生农村创业自筹、金融支持、政府专项资助资本筹集体系，拉动多方资金扶持，助力大学生农村创业解决融资难问题，为广大大学生投身农村创业提供有效的资金保障。特别是针对贷款周期短的问题，政府部门要牵头各类金融机构对项目收益进行近期和远期的预测评估，将还贷周期合理放宽至两到三年，或者一年后分期还贷。各级政府及有关职能部门要加强对承贷农村大学生创业的诚信教育和信用评定，保障大学生农村创业小额担保贷款项目的可持续发展。

#### （一）财税支持大学生农村创业政策设计的总体要求

为了探索更有效的就业模式和更多的就业渠道，政府主管部门和有关方面应当积极研究、深入探讨、制定和出台诸多优惠政策，鼓励、引导和支持大学生农村就业创业，从法规政策和体制机制等层面寻求突破。总的原则是，刺激大学生广泛创业；期望的作用是，减少大学生初创企业面临的风险和不确定性；预期的效果是，提升大学生投身创业活动的积极性和成功率。财税支持大学生创业政策的制定，必须便于操作，有相当含金量，尽量减少条件限制，提高财税政策导向的广泛性和全面性，形成合理的、有力度的支持创业政策体系。

1.把握政策设计的基本思路

（1）从大学生的实际出发

大学生的最大实际是"一有三无"，即有知识，经过大学的学习和训练，已经具有了科学文化知识储备，在一定的环境和条件下，这种知识可能内化为能力，外化为创造，这也是大学生的最大财富；无资金，学生是消费者，读书花的是父母的钱，家庭再有钱，他们是不太可能找家里要钱去创业的；无经验，学生在校的主要任务是学习，不可能有丰富的社会生活经验；无关系，大学期间，他们的交际圈子仅限于同学和老师，社会关系基本是空白。财税政策的制定与调整，必须充分考虑大学生的这种实际，既不能把他们等同于下岗职工，也不能当作失业青年，因为他们身上寄托着社会的创业理想。

（2）以解决创业资金为重点

"巧妇难为无米之炊"，大学生农村创业面临的最大困难是资金。传统的创业资金来源于创业者自身的积累，现在靠这种方法筹集资金创办企业已不适应要求。更何况就业的压力迫使学生跨出校门就要进行自主创业，来不及进行资金积累。现在各级政府虽然出台了一些大学生创业贷款政策，但由于种种原因，这项政策推动很难，落不到实处。各级政府必须下大力气建立良好的风险投资机制，积极探索利用技术、专利、知识、信用等担保的融资渠道，真正解决大学生农村创业资金问题。

（3）尽量减少限制性条件

对大学生农村创业不能纯粹从解决就业的角度去看，而应该从为社会创造财富、为更多的人创造就业岗位的方面去认识。如果有大批大学生老板出现，对社会的经济发展和政治稳定就会起到十分重要的作用。因此，创业政策应该尽量减少限制、降低门槛、简化程序、方便快捷、搞好服务，用良好的创业政策催生富有发展前景的大学生创业，培育富有传奇色彩的大学生创业英雄。

2. 从实际情况出发

政策就是导向，有什么样的创业政策就会有什么样的价值取向和创业目标。财税创业政策要引导大学生确立合理的创业目标，不能过高，也不能过低。过高则一时难于实现，过低则容易造成自身价值贬值，甚至束缚创业能力的发挥。这就要求创业政策有明确的导向，鼓励什么，支持什么，反对什么，限制什么，都要体现出来。最重要的是要反映大学生的知识能力和发展趋势，积极鼓励他们创办以科技型为主的企业，创办产生较大社会价值的企业，而不能过多引导他们去从事那些简单化的经营项目。一条重要的准则，就是要引导大学生根据所学，脚踏实地，能够在自己擅长的领域里创业成才。具备专业能力的要尽量在专业范畴内从事创业实践活动；具备经营管理能力的要力争在企业管理中崭露头角、展现才华；具备综合能力的要抢抓机遇，把握机遇，驾驭机遇，实现自己的人生价值。

当前，财税政策指导大学生创业的一条简便有效的途径就是鼓励和支持高校普遍开展创业教育，对创业教育成果丰硕的高校，在办学经费上，给予一定的财政补贴。

3. 从长远目的出发

重点实现"三个创新"：

（1）理念创新

财税部门要进一步提高对扶持大学生农村创业工作重要性、紧迫性的认识，转变观念，创新理念，增强社会管理和公共服务职能，从新的角度和高度引导和服务各类创业主体，更好地推进大学生农村创业。在理念上，要坚持科学的发展观、政绩观，确立"发展以富民为先，富民以创业为先，创业以环境为先，环境以服务为先"的理念。在目标上，要从氛围营造、主体培育、体制创新、政策完善、环境优化等方面着手，逐步把广大农村打造成为创新活力强、创业环境佳、发展质量优、民富程度高、社会和谐好的区域。在定位上，必须遵循市场经济规律，坚持有所为有所不为。

（2）服务创新

财税部门服务大学生农村创业活动，一条非常重要的途径是强化政策支撑。要发挥财税部门在大学生创业中的主导作用，不断完善政策，以政策导向引领创业，以政策杠杆促进创业。要完善创业创新的投入政策，不断地加大公共财政的投入力度，努力改善民生，推动科学发展、和谐发展。要完善对创业期的孵化政策，加强政策扶持和资金引导，大力发展创业风险投资事业，优化信贷服务和融资环境，加快中小科技企业发展。要加强对成长期企业的培育政策，实施支持自主创新的政策采购政策。要加强知识产权保护，激励知识产权创造，通过完善支持自主创新和成果转化的政策体系，调动社会各方面参与和推动自主创新的积极性。要牢牢抓住企业研发投入、专利授权率、高新技术企业数、自主品牌数等衡量自主创新能力的重要指标，并要落实到具体的产业和企业上，使企业发展真正依靠科技进步和提高劳动者素质。要出台和完善招商引资政策，注重引进科技含量高、投入产出比大的大项目、好项目，转变经济发展方式。要完善和落实人才引进的优惠政策，为企业创新提供人才支撑。

（3）智能创新

打造服务型财政，对大学生创业项目精简审批项目和审批环节，做到手续简办、特事特办、快事快办，降低创业成本，提高服务质量。打造效能型财政，规范财政专项资金管理，推进公共财政制度改革，建立规范透明的公共支出制度，加快建设公共财政、节约财政。打造法治型财政，完善财政运行监督机制，全面推进财政工作制度化、科学化、规范化建设，提高财政干部执行力，建立以公共服务为取向的财政干部考核体系，加快建设阳光财政。

## （二）财税支持大学生农村创业政策的内容

财税部门"真金白银"式的特殊性和公共品质，决定了其在大学生农村创业扶持过程中的主体地位。研究国内外有关资料，有以下制度亟须完善。

1. 财政补贴政策

由于农村创业风险高，往往大部分大学生望而却步。为了提高创业机会，提高大学生参与农村创业的积极性，政府应当给予财政补贴，分担创业投资者的投资风险。财政补贴主要是以投资亏损津贴、技术开发补助、个人创业投资补贴以及科技基金等支持高技术企业的研究开发活动，能够极大地促进大学生及其他社会人员的创业热情，形成了良好的创业风尚。我国近年来财税快速增长，完全有能力为大学生农村创业提供实实在在的优惠补贴，具体而言：就是采取分级补贴政策，对大学生自主创业投资10万元以上的，直接补贴1万元；对投资50万元以上的，直接补贴5万元；对投资100万元以上的，直接补贴15万元。对创办高科研企业的，给予科技研发、成果孵化补贴5万元。

## 2. 信用担保政策

一般来说，农村创业不具有可供担保的资产，很难从常规信贷和传统投资渠道筹集创业资本，因此，应当采用政府担保手段，用少量的资金带动大量民间资本投向农村创业投资业。因此，信用担保在国外被称为创业投资的"放大器"，其放大倍数与创业项目的失败率成倒数关系。要提高信用担保的资金放大倍数，关键在于加强所担保风险项目的评估，尽可能减少风险项目的失败率。结合地方的实际情况，在省、市两级，可以考虑从公共财政部分设立大学生自主创业担保基金，只要是大学毕业生身份，项目成熟，有一定市场前景，就应当享受低息贷款甚至是无息贷款。担保基金的贷款金额一般控制在20万元以下，申报手续要简便，贷款期限要灵活，做到当日申报、当日放款。

## 3. 税收优惠政策

大学生毕业后是否到农村创业，取决于他们对创业行为的预期收益和投资风险的权衡。只有当预期收益大于风险的代价时，大学生农村创业才会有充分的理由。由于创业投资的预期收益和风险的大小在很大程度上取决于政府采取的税收政策，世界各国政府为了鼓励创业发展，均制定了税收上的优惠政策。可以参照以往对三资企业的招商引资优惠政策，对大学生农村创业企业实行税收上"免二减三"，就是企业创办前两年税收全免，后三年税收减半，通过五年左右时间的减负培育，促成大学生自主农村创业企业做大做强。

## 4. 创业投资的有效监管政策

大学生农村创业投资本质上是一种微观投资行为，高风险与高收益并存，投资趋利的盲目性与潜在的风险性并存。对创业投资实行适度监管有助于提高创业投资的效率，维护投资者的利益。在大学生农村创业投资中，信息不对称现象十分明显，如何有效地减少信息不对称的不利影响是创业投资监管的重心。财税部门要通过一些规章制度的建立减少不对称信息的发生。要严格要求代理人进行信息披露，促使内部信息公开化，进行必要的企业内部制度设计，通过一些激励约束机制，保证委托人与代理人之间的一种平衡关系，促使不对称信息减少。对于一些假的或夸大的创业投资前景之类的信息应加以控制，以免造成市场上的盲目性。同时发展一些中介机构或信用评估制度，促使信息公开化，减少逆向选择和道德风险的影响。可以采取财政出资与个人投资相结合的办法，鼓励发展专门中介机构，为大学生农村创业提供市场信息服务、项目推介、小额贷款代办、场地租赁服务等一系列服务内容，不以营利为目的或者做到微利温馨服务，帮助大学生克服短板，迅速适应社会。

## 5. 人力支持政策

大学生农村创业作为一种高风险、高期望、高关注的行为，尤为强调大学毕业生的能动作用与创造作用。农村创业需要高素质的人才，有一个让人才充分自由发展的市场机制，有浓厚的创业文化氛围。省、市财政部门可以考虑，每年从财政预算中拿出专项资金，专门拨付给一些重点高校和研发创新能力强的高校，鼓励进行创业创新技术研究、产品研究和人才培养，鼓励在大专院校设立农村创业培训课题，强化培养大学生的农村创业意识和创业能力，塑造校园农村创业文化，培育校园自主农村创业精神，促使高校适应社会需求，促使大学生适应农村创业需求。

### （三）财税支持大学生农村创业政策的有效实施

创业环境是一个复杂的社会大系统，由创业文化、政策、经济和技术等要素组成，是多层面的有机整体。构筑良好的大学生农村创业环境，需要社会、经济、文化等各方面的系统支撑。

1. 加大宣传力度

要把大学生农村创业作为实现大学生充分就业的重要形式，大张旗鼓予以深入宣传报道，营造创业自强、创新光荣的浓厚氛围。

（1）宣传创业典型

通过各种媒体广泛宣传大学生农村创业的成功典型，引导社会形成崇尚创业、以创业为荣的社会氛围，掀起全民创业热潮。

（2）宣传创业政策

针对部分毕业生不了解创业政策、不了解创业手续怎么办理的情况，加强与高校的合作，采取创业政策进高校、进社区、进企业等一系列活动，为毕业生详细解读政策细则和有关办理程序。

（3）开展专门报道

在新闻媒体开辟"励志创业"栏目，举办"创业论坛"，开展"创业大赛"，定期宣传国内外创业成功的案例，交流成功的经验，影响、激励和带动更多有创业意向的大学生通过农村创业走向成功，更好地培育大学生农村创业文化，形成理解、支持、尊重大学生农村创业的浓厚氛围。

2. 加大部门配合

大学生创业优惠政策决策分散、牵涉的部门较多，要落实到位，各级政府、职能部门以及高校等机构都要积极参与、齐抓共管、上下联动、左右协调，形成合力，着力打造城乡一体、战线联动、区域协调发展的良性运行机制。建立较高级别的创业政策综合协调机构，主要负责两项工作：

（1）政策打包

把所有创业政策按照一定形式（群）合理、有效地组织起来，整合创业政策，建立工具包，针对农村创业大学生的需求提供个性化咨询和服务。

（2）政策管理

将高度分散的政策制定与实施行为，用高度黏合的方法结合起来，进行政策管理，由财税部门牵头，负责政策协调、政策整合、政策发布等，积极整合政府部门、金融机构、企业和社会各界资源，努力为大学生农村创业提供更多的政策扶持和资金支持，协调一致地实现政策目标。

3. 完善财税有效投入的评价考核机制

加强大学生农村创业的政策支持，集中政府、高校以及民间组织等各方面的优势力量，推动大学生农村创业领导体制的创立和创新，建立一个开放、专业、高效、统一的第三方创业运作体系，形成全方位立体型地支持大学生农村创业的长效机制，关键在于政府的科学引导和有效监控，完善政府财税的有效投入，建立科学合理的财税投入的评价考核机制。要把财税创业投入作为政府考核重要内容，既作为财税部门本身办实事、评先进的重要依据，也作为政府支持就业、改善民生的重要指标，一年一考核，一年一量化，做到稳步推进、不断进步。既要考核投入实量，又要考核投入效益，着重看大学生农村创业的增加人数、新增企业个数和市场销售情况。要严格创业投入执行制度，对不执行、执行不到位、偏离轨道的执行进行监督，努力纠正执行偏差，充分发挥财税政策的杠杆作用，尽力使财税政策的扶持、激励效益最大化，防止低效益的投入，力避只问投入、不问产出，搞无效益的盲目投入、无原则的乱投入、不讲科学的随意投入，对投资严重失误、造成严重后果的要严格问责制度。

4. 加强政府引导

相关部门要形成推进大学生农村创业的合力，坚持把大学生农村创业作为解决大学生就业问题的重要途径和努力方向，财税部门要责无旁贷，扮演好"保姆"角色，做好扶持工作，为农村创业"扶上马、送一程"。

（1）主动靠前

大学生是社会的宝贵财富，是国家和民族的希望所在，是民强国富的智力保障，要主动为大学生着想，急大学生所急，忧大学生所忧，想大学生所想，主动为大学生办实事、做好事、解难事，变"守株待兔"为"雪中送炭"，理解大学生创业难处，维护大学生创业合法权益，鼓励大学生大胆试、大胆闯，让大学生创业创得起、干得好、赚得欢、安得心。

（2）优质周到

必须坚持"三为主"原则：要以呵护为主。大学生农村创业是新生事物，是一株幼苗，是一棵嫩芽，要注意施肥浇水，精心培养，出现什么问题就解决什么问题，遇到什么困难就克服什么困难，不要横加指责，棒打吆喝，搞不教而诛。要以规范为主。对大学生创业企业中出现的不良行为，不要动辄处罚、取缔，要耐心细致予以教育，予以规范，帮助创业者走出误区，步入循规守法、正当经营的轨道。要以面对面指导为主。要根据每个创业者的不同情况，根据投入、爱好、特长、性格特点，派专人予以悉心指导，一人一案，一企一方案，因人而异，因地制宜，面对面加强指导，提高创业成功率。

（3）高效服务

要牢固树立"管理就是服务，服务就是义务"的观念，把为大学生农村创业服务作为"天职"来对待，把高效服务理念贯穿于每一个工作层面和每一个工作环节中，不断改进服务方式，提高服务水平。要大力推广大学生农村创业首问责任制、服务承诺制、限时办结制、无偿代办制、效能告诫制和行政过错责任追究制，力求各项服务有章可循、有制可遵。要把场地扶持作为资金、税费扶持之外的首要问题，建立各种各样的孵化器、科技园、创业园等，鼓励大学生入园创业，实现信息资源共享互助。要认真研究大学生农村创业中的前瞻性问题和战略性问题，争创一流环境，为大学生农村创业提供优良后续服务。

## 四、健全跨部门协作机制

推进大学生农村创业，需要从地方政府、行业企业、高校等方面进行协同建设。

### （一）加快调整优化政府服务职能

地方政府在推进大学生农村创业中始终发挥着主导作用，政府的越位、缺位、错位不利于大学生农村创业发展。为此，要加快政府职能转变、促进政府治理体系和治理能力现代化，为大学生农村创业提供精准服务。要进一步加强各部门间协调组织，不断优化创业发展环境，集聚更多大学生积极投身到推动乡村振兴的火热实践中，让大学生在农村创业有更多的获得感、幸福感、归属感。

### （二）充分发挥行业协会商会助推行业发展的功能作用

行业协会要加大创新创优工作力度，推动大学生农村创业发展。首先，要切实加强行业信用建设，建立健全信用评价制度，不断树立诚信经营意识，不断强化企业信用管理，促进大学生农村创业行业健康有序发展。其次，要紧紧围绕大学生农村创业，努力在提供服务、反映诉求、市场监管、科技攻关等方面，加大力度为大学生创业创造提供良好服务环境。最后，要发挥市工商联、民间商会组织、企业家联合会、青年商会的作用，加强大学生农村创业的培训、交流与合作，提升大学生创业素质。

### （三）推动校企合作向纵深发展

建立健全校企合作激励机制，综合运用高校和企业优势资源，联手打造适合推动大学生农村创业发展合作之路。遵循大学生农村创业成长规律，建立常态化企业家培训机制，推行企业新型学徒制、"双导师制"职业教育，分批次选送农村大学生创业者到国内外知名企业、高等学府、先进产业园区学习培训，积极开展校企联合培养技能人才活动，加快引进培养优秀技能人才。积极引导和鼓励院校与产业园区、大中型企业、在建项目对接，建立一批公共实训中心、高技能人才培养（实训）基地、技能大师工作室等载体，促进大学生农村创业成果转化。鼓励支持产业园区及企业通过"招院引所"，建设院士工作站、博士工作站、国家级、省级创新平台（分支机构）等，助力提升大学生农村创业产品核心竞争力。

# 参考文献

[1] 曾东霞.青年反哺与回归:破解乡村振兴短板之道[J].中国青年研究,2020(8):83-88.

[2] 胡笔雨,李繁,肖彭予,等.大学生社会创业与乡村振兴耦合新路径研究[J].中国市场,2019(25):58-60.

[3] 朱琪.乡村振兴战略背景下大学生返乡创业的机会与实现路径研究[J].乡村科技,2017(31):32-33.

[4] 金绍荣,张应良.农科教育变革与乡村人才振兴协同推进的逻辑与路径[J].国家教育行政学院学报,2018(9):77-82.

[5] 冯永忠.改革农科人才培养模式,迎接乡村振兴伟大战略挑战[EB/OL].http:blog.sciencenet.cn/u/(2018-06-23)[2020-10-27].

[6] 方玲燕.乡村振兴战略背景下大学生创新创业教育初探[J].阜阳职业技术学院学报,2019(3):20-22.

[7] 熊小杏.乡村振兴视角下高校学生创新创业能力提升的路径[J].农村经济与科技,2019(22):206-207.

[8] 卢玉光.乡村振兴背景下大学生返乡创业就业的束缚与路径选择[J].农业经济,2020(8):104-105.

[9] 郭文慧.乡村振兴战略下吉林省农村实用人才队伍建设研究[D].长春:吉林大学,2020.

[10] 刘万森.浙江省文成县农村实用人才队伍建设研究[D].南昌:江西师范大学,2020.

[11] 王婉力.乡村振兴战略下的人才队伍建设研究[D].延安:延安大学,2020.

[12] 杨国芳.商都县农村基层组织人才队伍建设研究[D].呼和浩特:内蒙古农业大学,2020.

[13] 涂孟梅.乡村振兴战略下乡村人才队伍建设研究[D].南充:西华师范大学,2020.

[14] 黄卫卫.乡村振兴视角下彭泽县农村实用人才队伍建设研究[D].南昌:江西农业大学,2019.

[15] 刘晓琴.乡村振兴战略下乡村人才干部队伍建设研究[D].太原:山西财经大学,2019.

[16] 徐源.乡村振兴战略下的农村实用人才队伍建设研究[D].重庆:中共重庆市委党校,2018.

[17] 詹文文.农村实用人才队伍建设的问题与对策研究[D].南昌:江西农业大学,2016.

[18] 杨伯儒.云南省旅游业人才队伍建设策略优选研究[D].昆明:昆明理工大学,2016.

[19] 谢世川.农村基层干部人才供需现状及对策研究——以重庆市永川区为例[D].重庆:重庆师范大学,2018.

[20] 薛瑞敏.乡村振兴战略下人才振兴研究[J].乡村科技,2019(22):12-13.

[21] 曹中秋.打造人才引擎助力乡村振兴[J].人民论坛,2019(23):70-71.

[22] 郭险峰.构建推动乡村人才振兴的综合机制[J].中国党政干部论坛,2019(4):74-76.

[23] 肖芸.关于加强农村人才队伍建设的思考[J].中国人才,2010(17):58-59.

[24] 张慧敏.加强三农人才队伍建设助力乡村振兴战略[J].农民科技培训,2018(5):15-16.

[25] 张曼.实施乡村振兴,加强乡村人才建设[J].作物研究,2018,32(S1):78-79.

[26] 孙学立.农村人力资源供给视角下乡村振兴问题研究[J].理论月刊,2018(5):128-132.

[27] 时旭梅.乡村振兴战略背景下乡土人才队伍建设探析——以广元市利州区为例[J].延边党校学报,2019,35(6):85-88.

[28] 蒲实,孙文营.实施乡村振兴战略背景下乡村人才建设政策研究[J].中国行政管理,2018(11):90-93.

[29] 吴再军.乡村振兴战略实施中人才队伍建设措施研究[J].政治与社会,2018(12):272.

[30] 李芳.乡村振兴背景下农村人力资源开发的对策[J].中国经贸导刊(中),2020(2):106-107.

[31] 薛菡,戈婷.加快乡村人才队伍建设的对策思考——以如东县为例[J].江南论坛,2019(4):52-53.

[32] 张华忠.乡村振兴背景下农村人才队伍建设的思考[J],职业,2019(2):116-117.

[33] 高国云,刘琳,陈冉,等.高职毕业生基层就业现状分析及对策研究[J].科技风,2017(21):28.

[34] 吴子国,赵娟,路宝利.大学生适应新农村就业的思考[J].中国成人教育,2010(19):17-18.

[35] 薛江谋.大学生农村就业的基本取向与农业现代化的实现路径研究[J].农业经济,2018(1):33-35.

[36] 和丽玲.互联网背景下农村籍高职毕业生回乡创业面临的困境及路径分析[J].中国管理信息化,2018,21(4):182-183.

[37] 叶颖俊,刘建明,徐子金,等.协同治理视角下高职高专类医学毕业生基层就业探析[J].卫生职业教育,2017,35(15):20-23.

[38] 肖璐,范明.社会资本的城乡差异及其对大学生择业的影响[J].教育与经济,2015(2):38-43.

[39] 赵君.乡村振兴背景下高职院校毕业生就业创业路径研究[J].创新创业理论研究与实践,2019,2(5):188-189.

[40] 何杨勇.高职教育服务乡村振兴的举措、困局与路向[J].高等职业教育探索,2019,18(3):12-18.

[41] 迟俊,刘晓倩.高职院校毕业生"城归"就业问题探究[J].产业与科技论坛,2019,18(2):124-125.

[42] 林夕宝,余景波,周鹏.乡村振兴战略背景下的高职院校人才培养探讨[J].高等职业教育探索,2019,18（3）：19-24.

[43] 刘效园.乡村振兴战略下高校农产品市场营销人才培育机制研究[J].佳木斯职业学院学报,2019（5）：81,83.

[44] 涂雯雯.基于中国特色"乡村振兴"战略背景下的高等农业院校大学毕业生培养模式体系的思考[J].教育现代化,2018,5（51）：19-20.

[45] 胡永万.统筹推进农业农村人才队伍建设聚力乡村人才振兴[J].农民科技培训,2018（12）.

[46] 王一凡.新生代农民工返乡创业的动因及扶持策略探究[J].农业经济,2018（8）.

[47] 贺雪峰.老人农业：留守村中的"半耕"模式[J].国家治理,2015（30）.

[48] 王乐君,寇广增.促进农村一二三产业融合发展的若干思考[J].农业经济问题,2017（6）.

[49] 王向阳,谭静,等.城乡资源要素双向流动的理论框架与政策思考[J].农业经济问题,2020（10）.

[50] 王一铮.新型现代性与乡村振兴的发展方向[J].社会科学战线,2019（6）.

[51] 李宁.乡村振兴背景下推进人才强农战略路径研究[J].农业经济,2018（10）.

[52] 孔韬.乡村振兴战略背景下新型职业农民培育的困境与出路[J].中国职业技术教育,2019（6）.

[53] 温晶.基于城乡统筹发展视角的农村人力资源开发问题研究[J].农业经济,2019（4）.

[54] 石凯,聂丽.城镇化对城乡居民消费的影响[J].城市问题,2014（6）.

[55] 冯立功.大思政格局下应用型本科高校服务新农村建设中技能人才培养的策略研究[J].农家参谋,2019（11）.

[56] 谭金芳等.乡村振兴战略背景下人才战略的理论内涵和制度构建[J].中国农业教育,2018（6）.

[57] 钟远平.深化和创新农村人力资源开发制度体系[J].重庆行政,2019（2）.

[58] 陈景红.乡村振兴战略下培育新型职业农民策略研究[J].广西社会科学,2018（10）.

[59] 李名梁,贺珍珍.职业教育社会认同度研究：现状、视角与展望[J].职教发展研究,2019（2）：26-30.

[60] 徐文新,肖称萍,张学兰.乡村振兴战略背景下农业劳动力精准培训策略研究[J].职教论坛,2018（7）：40-45.

[61] 石丹淅.新时代农村职业教育服务乡村振兴的内在逻辑、实践困境与优化路径[J].教育与职业,2019（20）：5-11.

[62] 李兴洲,赵陶然.职业教育促进乡村振兴之比较优势探析[J].职教通讯,2019（5）：13-19.

[63] 陈昌智.聚焦人才培养助力乡村振兴——在2018年职业教育与城市发展高层对话会上的讲话（摘编）[J].中国职业技术教育,2018（19）：5-7.

[64] 孙莉.乡村振兴战略下农村职业教育的改革与创新发展[J].教育与职业,2018(13):5-11.

[65] 廖志鹏,尹芳,周力.现代大学制度下高校内部资源配置机制探析[J].当代教育理论与实践,2016（8）:105-107.

[66] 杨芬,冯峰.区域产业转型升级下中国特色高水平高职学校专业建设探析[J].黑龙江高教研究,2019（9）:124-128.

[67] 王华.高等职业教育教学模式改革的研究与实践[J].中国教育学刊,2015（S2）:252-253.

[68] 王成荣,龙洋.深化"三教"改革提高职业院校人才培养质量[J].中国职业技术教育,2019（17）:26-29.

[69] 冯旭芳,张桂春."转型"试点高校"双师双能型"教师队伍建设探究[J].高等工程教育研究,2017（1）:140-144.

[70] 王越,刘进,马丽娜,等.从新中国70年看高等教育如何培养科技创新人才——王越院士专访[J].重庆高教研究,2019（5）:5-13.